CYFLWYNIAD

Pecyn o weithgareddau Llythrennedd yw hwn, wedi ei seilio ar nofelau cyffrous Manon Steffan Ros o'r gyfres TRIO. Y gobaith mwyaf yw i ddysgwyr gael mwynhau llenyddiaeth gyfoes a chwerthin a deall yr hiwmor sydd yn y llyfrau, wrth ddatblygu eu sgiliau Llythrennedd.

O fewn y pecyn mae gweithgareddau Llythrennedd i ddatblygu sgiliau llafar, darllen ac ysgrifennu dysgwyr. Mae'n canolbwyntio ar sbarduno dysgwyr i ysgrifennu mewn gwahanol ffurfiau. Mae'n becyn cynhwysfawr, qydag esiamplau o'r gwahanol ffurfiau, yn ogystal â meini prawf llwyddiant y ffurfiau a chamau bach posib i'w gweithredu ar lawr y dosbarth, cyn mynd ati i ysgrifennu.

Mae cysylltiadau cwricwlaidd wedi'u seilio ar y Cwricwlwm Newydd i Gymru. Nodir pa Gam Cynnydd sy'n gweddu i bob gweithgaredd a pha elfen o'r Cwricwlwm a gysylltir gydag ef. Mae'r holl weithgareddau yn ystyried Pedwar Diben ac egwyddorion y Cwricwlwm. Y mae rhai cyfeiriadau hefyd at Feysydd Dysgu heblaw am Ieithoedd, Llythrennedd a Chyfathrebu, a chyfleoedd i ddatblygu sgiliau Llythrennedd yn drawsgwricwlaidd. Hefyd mae'r nofelau yn cynnig cyfleoedd gwych i drafod y Cwricwlwm Cymreig.

Nid pecyn i weithio'n slafaidd drwyddo yw hwn, ond yn hytrach gweithgareddau i ddatblygu sgiliau Llythrennedd dysgwyr, ym mha bynnag ffordd y mae athrawon yn dymuno. Mae rhai gweithgareddau yn gallu sefyll yn annibynnol, a gellir eu cynnwys mewn themâu sydd yn yr ysgol yn barod. O ran gwahaniaethu, y mae Camau Cynnydd 2 a 3 wedi eu cynnwys gyda rhai gweithgareddau, ond eto bydd gwahaniaethu'n ddibynnol ar adnabyddiaeth drylwyr athrawon o'u dysgwyr.

O ran fformat, mi welwch fod siart llif cyffredinol yn cynnig syniadau ar weithgareddau y gellid eu seilio ar y gyfres gyfan, y Gweithgareddau Cyffredinol. Yna mae gweithgareddau wedi eu seilio ar bob llyfr sydd yn y gyfres, sef Antur y Castell, Antur y Mileniwm ac Antur yr Eisteddfod. Ar bob tudalen gweithgaredd, mae'r meini prawf llwyddiant a'r camau bach wedi'u nodi yn ogystal.

Y gobaith wrth gyhoeddi'r pecyn hwn a'r gweithgareddau ar-lein yw i ddysgwyr fwynhau llenyddiaeth gyfoes Gymraeg a datblygu eu sgiliau awduro eu hunain, gan fod yn greadigol ac yn fentrus. Ond yn bennaf bydd cyfleoedd iddynt ddatblygu eu sgiliau a chael mwynhad o'r gyfres gyfoes, fendigedig hon.

Siwan Tecwyn Jones

Siart llif o weithgareddau

Gweithgareddau cyffredinol

Ffurf	Gweithgaredd	Tudalen
Clawr	Craffu'r Clawr	10
Holiadur	Cwrdd â Chriw Talentog TRIO	11
Portread	Y TRI Phrif Gymeriad	12
Stori	Antur!	13
Mynegi barn	Ha Ha! Hiwmor	14
Deialog	Darllen ac Ymateb	15
Drama	Arch Arwyr	16
Yn ddigidol – ar Hwb		
Erthygl	Darllen ac Ymateb	
Paragraffu	Beth sy'n gwneud ffrind da?	

Antur y Castell

Ffurf	Gweithgaredd	Tudalen
Grid GED	Caernarfon	21
Adroddiad teledu	Darlledu Newyddion	22
Cyflwyniad Power Point	Cestyll Cymru	23
Pyramid pwysigrwydd	Adeiladau Arbennig!	24
Dadl o blaid ac yn erbyn	Newid yn y Gymuned	25
Placard	Protestio	26
Yn ddigidol – ar Hwb		
Gwerthuso	Morio Canu	
Araith	Araith Aruthrol	
Cwis Antur y Castell – Rhestr Chwarae		

Antur y Mileniwm

Ffurf	Gweithgaredd	Tudalen
Cyflwyno gwybodaeth	10 ffaith am Gaerdydd	31
Disgrifiad dychmygol	Creaduriaid Dychmygol	32
Ysgrifennu atgofion	Dipyn o Sioe!	33
Mynegi barn	Graffiti Banksy	34
Ysgrifennu ffeithiol	Astudio gwaith Banksy	35
Gwaith llafar	Y Da a'r Drwg	36
Yn ddigidol – ar Hwb		
Cyfarwyddiadau	Darllen Mapiau	
E-bost	Canolfan y Mileniwm	
Cwis Antur y Mileniwm – Rhestr Chwarae		

Antur yr Eisteddfod

Ffurf	Gweithgaredd	Tudalen
Grid GED	Eisteddfod	41
Bywgraffiad	Enwogion Cymru	42
Cymharu	Cadeiriau'r Eisteddfod	43
Gwaith llafar	Ennill a Cholli	44
Gwerthuso cerdd	Cerdd Gronw	45
Llythyr ffurfiol	Yr Archdderwydd	46
Yn ddigidol – ar Hwb		
Ysgrifennu ffeithiol	Hedd Wyn	
Barddoni	Cyfansoddi 'Haiku'	
Cwis Antur yr Eisteddfod – Rhestr Chwarae		

PECYN GWEITHGAREDDAU

Pecyn i ddatblygu sgiliau llafar, darllen ac ysgrifennu

MANON STEFFAN ROS
TRIO

LLUNIAU GAN
HUW AARON

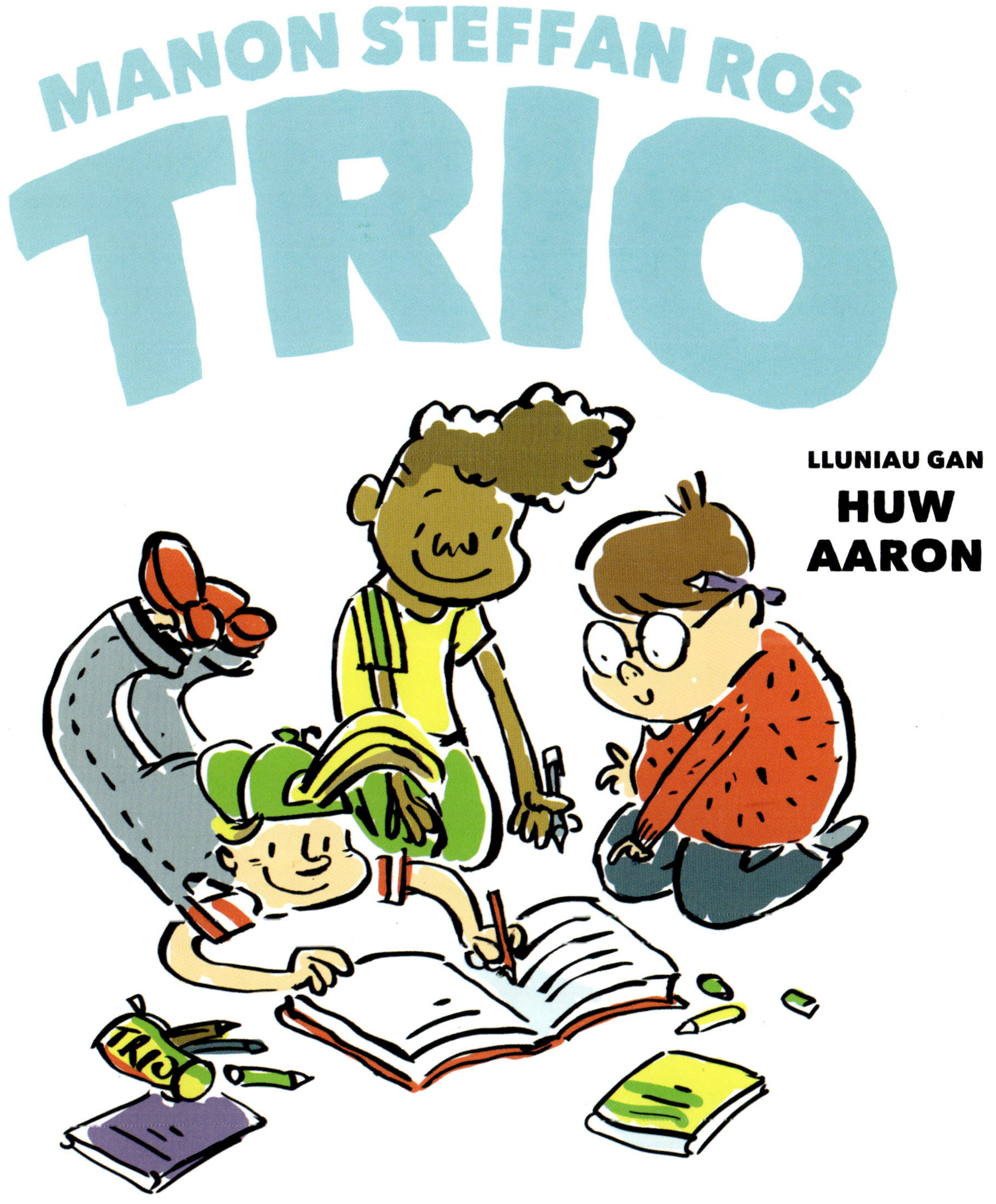

Gweithgareddau

Siwan Tecwyn Jones

Pecyn Gweithgareddau TRIO

Cyhoeddwyd gyntaf yng Nghymru yn 2021 gan Atebol Cyfyngedig, Adeiladau'r Fagwyr, Llanfihangel Genau'r Glyn, Aberystwyth, Ceredigion, SY24 5AQ

Dyluniwyd gan Dylunio GraffEG

Gyda diolch i Glenda Rigby, Lisa Jên Jones, Lowri Gwenllian Evans, Rhian England a Siân Owen am eu hadborth gwerthfawr.

www.atebol.com

ISBN 978-1-80106-106-3

Dymuna'r cyhoeddwr gydnabod cymorth ariannol Llywodraeth Cymru.

Pwrpas y 6 logo unigryw yma ydy hwyluso'r broses o gynllunio a diwallu anghenion pob dysgwr ar draws y Meysydd Dysgu a Phrofiad.

Gweithgareddau cyffredinol

Ffurf	Gweithgareddau	Yr hyn sy'n bwysig	I, Ll a Chyfathrebu Cam Cynnydd 2	I, Ll a Chyfathrebu Cam Cynnydd 3	Cysylltiadau trawsgwricwlaidd
Gwerthuso – Clawr Tud. 10	*Arsylwi a thrafod cynnwys clawr. *Adnabod nodweddion y clawr a'i labelu. *Cynllunio clawr gwreiddiol yn cynnwys y nodweddion penodol. *Hunanasesu yn erbyn y meini prawf llwyddiant.	Mae deall ieithoedd yn allweddol i ddeall y byd o'n hamgylch.	Rwy'n gallu datblygu fy ngeirfa trwy wrando a darllen, a defnyddio'r geiriau newydd hyn mewn amrywiaeth o gyd-destunau.	Rwy'n gallu gwrando a darllen er mwyn datblygu fy ngeirfa, ynganiad a strwythurau brawddeg, gan ddefnyddio'r rhain wrth i mi gyfathrebu.	Gwyddoniaeth a Thechnoleg – cynllunio a chreu.
Holiadur – Cwrdd â Chriw Talentog TRIO Tud. 11	*Meddwl am gwestiynau a'u gofyn gan ymateb i'r atebion. *Gwneud nodiadau yn ystod y cyfweliad. *Ysgrifennu ffeithiau difyr yn dilyn y cyfweliad. *Gweithgaredd celf – edrych ar arddull yr arlunydd a'i efelychu.	Mae deall ieithoedd yn allweddol i ddeall y byd o'n hamgylch.	Rwyn gallu gwrando ar, deall a chyfathrebu ystyr cyffredinol yr hyn rwy'n ei glywed. Rwy'n gallu gwrando ar, deall ac adalw'n ddiweddarach yr hyn rwyf wedi'i glywed.	Rwy'n gallu gwrando ar, deall, ac adalw yn ddiweddarach mewn mwy o fanylder, ystyr cyffredinol yr hyn rwyf wedi'i glywed.	Celfyddydau Mynegiannol – archwilio a chreu.

Gweithgareddau cyffredinol

Ffurf	Gweithgareddau	Yr hyn sy'n bwysig	I, Ll a Chyfathrebu Cam Cynnydd 2	I, Ll a Chyfathrebu Cam Cynnydd 3	Cysylltiadau trawsgwricwlaidd
Portread – Cymeriadau TRIO Tud. 12	*Trafod y tri phrif gymeriad yn y stori sef Clem, Dilys a Derec - Pa un yw eu hoff gymeriad a pham? *Darllen darnau o'r llyfr am eu hoff gymeriad. *Cwblhau'r tabl i'w paratoi ar gyfer ysgrifennu portread. *Darllen portread i adnabod nodweddion ieithyddol a chynnwys, cyn mynd ati i greu portread o un cymeriad o'r straeon.	Mae llenyddiaeth yn tanio'r dychymyg ac yn ysbrydoli creadigrwydd.	Rwy'n gallu defnyddio fy nychymyg i greu fy llenyddiaeth fy hun. Rwy'n dechrau dangos empathi gyda chymeriadau mewn llenyddiaeth.	Rwy'n gallu defnyddio'r hyn rwy'n ei wybod am arddulliau ysgrifennu a nodweddion gwahanol genres llenyddol er mwyn creu fy ngwaith fy hun. Rwy'n gallu dangos empathi wrth ymateb i lenyddiaeth ac rwy'n deall y gall fod gan bobl eraill farn wahanol i mi.	
Stori Antur Tud. 13	*Trafodaeth – Beth yw antur? *Diffinio hyn gan ddefnyddio geiriadur a/neu thesawrws. *Pa straeon antur ydych chi wedi eu mwynhau? Creu casgliad o lyfrau straeon antur y dosbarth. *Creu MPLl stori antur dda. *'Sgwennu stori sydyn' ar gyfer sbarduno stori antur unigol ac yna cyfoedion i gynnig sylwadau a ffyrdd i wella.	Mae mynegi ein hunain drwy ieithoedd yn allweddol i gyfathrebu.	Rwy'n gallu ysgrifennu'n ddarllenadwy. Rwy'n gallu defnyddio atalnodi cyfarwydd. Rwy'n gallu ysgrifennu gan ddefnyddio geirfa sy'n gynyddol ddychmygus, amrywiol a manwl gywir.	Rwy'n gallu ysgrifennu'n ddarllenadwy a rhugl. Rwy'n gallu defnyddio iaith idiomatig a chywair priodol er mwyn cyfoethogi fy mynegiant.	

Gweithgareddau cyffredinol

Ffurf	Gweithgareddau	Yr hyn sy'n bwysig	I, Ll a Chyfathrebu Cam Cynnydd 2	I, Ll a Chyfathrebu Cam Cynnydd 3	Cysylltiadau trawsgwricwlaidd
Mynegi barn – Ha Ha! Hiwmor Tud. 14	*Amser cylch i drafod hiwmor gan ddefnyddio'r cwestiynau parod. *Dewis un rhan ddoniol o'r straeon a darllen ar goedd i'r grŵp. Mynegi barn yn ysgrifenedig.	Mae mynegi ein hunain drwy ieithoedd yn allweddol i gyfathrebu. Mae deall ieithoedd yn allweddol i ddeall y byd o'n hamgylch.	Rwy'n gallu amrywio'r math o frawddegau rwy'n eu defnyddio yn fy iaith lafar. Rwy'n gallu esbonio gwybodaeth a rhannu syniadau, barn a theimladau gan ddefnyddio geirfa berthnasol. Rwy'n gallu gwrando ar eraill a deall y gallan nhw fod â safbwynt gwahanol i mi.	Rwy'n gallu addasu a thrin iaith a gwneud dewisiadau priodol ynghylch geirfa, iaith idiomatig a chystrawen er mwyn mynegi fy hun yn rhugl ac eglur. Rwy'n gallu rhyngweithio gydag eraill, siarad ac ysgrifennu am fy meddyliau, teimladau a barn, gan ddangos empathi a pharch. Rwy'n gallu gwrando gydag empathi ar safbwyntiau gwahanol bobl ar bynciau amrywiol.	Iechyd a Lles – cyfathrebu am deimladau.
Deialog a pherfformio – Deialog Difyr Tud. 15	*Astudio'r ddeialog ar y daflen ac adnabod nodweddion ieithyddol a'r atalnodi arbennig sydd mewn deialog. *Grwpiau i actio'r deialogau o'r llyfr a pherfformio yn y dosbarth. *Cynllunio, creu a pherfformio deialogau gwreiddiol.	Mae deall ieithoedd yn allweddol i ddeall y byd o'n hamgylch.	Rwy'n gallu darllen ar goedd gyda mynegiant, gan roi sylw i atalnodi.	Rwy'n gallu gwrando a darllen i fagu dealltwriaeth o'r ffordd y mae gramadeg ac atalnodi'n effeithio ar ystyr.	Celfyddydau mynegiannol – perfformio.

Gweithgareddau cyffredinol

Ffurf	Gweithgareddau	Yr hyn sy'n bwysig	I, Ll a Chyfathrebu Cam Cynnydd 2	I, Ll a Chyfathrebu Cam Cynnydd 3	Cysylltiadau trawsgwricwlaidd
Drama – Archarwr Tud. 16	*Cofnodi ffeithiau am y tri phrif gymeriad. *Dysgwyr i ddod â llyfrau neu gomics o'u cartref ac i gofnodi ffeithiau am eu hoff archarwyr. *Edrych ar ffurf drama fer gan sylwi ar sut i osod y dudalen. *Mewn grŵp, cynllunio drama fer gydag archarwr gwreiddiol yn brif gymeriad i'w pherfformio i'r dosbarth.	Mae mynegi ein hunain drwy ieithoedd yn allweddol i gyfathrebu.	Rwy'n gallu siarad er mwyn cynllunio ysgrifennu at wahanol ddibenion ac ar gyfer gwahanol gynulleidfaoedd. Rwy'n gallu trefnu fy ngwaith ysgrifennu i ddilyn yn rhesymegol.	Rwy'n gallu addasu a thrin iaith a gwneud dewisiadau priodol ynghylch geirfa, iaith idiomatig a chystrawen er mwyn mynegi fy hun yn rhugl ac eglur. Rwy'n gallu defnyddio iaith idiomatig gyfarwydd â chywair priodol wrth gyfathrebu.	Iechyd a Lles – cydweithio.
Ysgrifennu paragraffau Adnodd digidol	*Trafodaeth Amser Cylch – Beth sy'n gwneud ffrind da? *Edrych ar y diffiniad o ffrind. *Ysgrifennu paragraffau ar sail y cwestiynau a'ch hoff ddyfyniad, gan ateb y cwestiwn 'Beth yw ffrind da?' yn y paragraff olaf.	Mae mynegi ein hunain drwy ieithoedd yn allweddol i gyfathrebu. Mae ieithoedd yn ein cysylltu â'n gilydd.	Rwy'n gallu siarad yn glir, gan amrywio dechrau mynegiant ac ystumiau er mwyn cyfathrebu fy syniadau. Rwy'n dechrau defnyddio gwybodaeth sydd wedi'i chyflwyno mewn un iaith a'i mynegi yn fy ngeiriau fy hun mewn iaith arall.	Rwy'n gallu adnabod yr iaith briodol ar gyfer gwahanol gynulleidfaoedd a dibenion gan amrywio fy mynegiant, geirfa a naws i ennyn diddordeb y gynulleidfa.	Iechyd a Lles – ffrindiau.

Gweithgareddau cyffredinol

Ffurf	Gweithgareddau	Yr hyn sy'n bwysig	I, Ll a Chyfathrebu Cam Cynnydd 2	I, Ll a Chyfathrebu Cam Cynnydd 3	Cysylltiadau trawsgwricwlaidd
Erthygl **Adnodd digidol**	*Astudio ffurf erthygl papur newydd, e.e. papur lleol. *Llunio map meddwl ar sail y 4 cwestiwn yn yr erthygl. *Astudio erthygl o bapur lleol ac adnabod nodweddion. *Cynllunio erthygl eu hunain neu mewn parau.	Mae deall ieithoedd yn allweddol i ddeall y byd o'n hamgylch.	Rwy'n gallu dehongli ystyr o destun a delweddau.	Rwy'n gallu defnyddio sgiliau dehongli a dod i gasgliad er mwyn deall testunau, a gallu ystyried dibynadwyedd yr hyn wyf yn ei ddarllen.	

Craffu'r Clawr

Dyma eirfa i'w defnyddio i ddisgrifio clawr y llyfr.
Beth am greu ffeil o ffeithiau dan y penawdau yma?
Neu gallwch labelu'r clawr yn defnyddio'r termau hyn.

Awdur	Arlunydd	Prif deitl	Llun
Pris	Blyrb	Logo	Cyhoeddwr
Is-deitl	Gwefan	Ffont	Lliwiau

Cynlluniwch glawr eich hun ar gyfer un o straeon y gyfres gan gynnwys y rhain i gyd.
Gallwch ddefnyddio adnoddau crefft neu raglen 'paint' ar y cyfrifiadur.

Beth fyddech yn hoffi gwybod am y llyfr?

Meddyliwch am gwestiwn.

Beth welwch chi ar y clawr?

Edrychwch ar y llun. Beth sy'n dod i'ch meddwl?

Beth rydym yn ei wybod am y stori? E.e. awdur/ arlunydd.

Ydych chi wedi darllen llyfr gan yr awdur yma o'r blaen?

Darllenwch y blyrb. Sut lyfr fydd hwn?

Gwrando ar y stori fesul pennod

Gweithgareddau diwedd pennod

- Crynhoi'r bennod i 10 gair neu 5 brawddeg.
- Rhagfynegi – Beth fydd yn digwydd nesaf?
- Arlunio un llun o bob pennod a datblygu cartŵn o'r stori.
- Map stori ar y cyd, dosbarth cyfan.
- Trafod gwahanol ffurfiau o fewn y bennod, e.e. deialog, erthygl papur newydd, adroddiad radio.

≫ Meini Prawf Llwyddiant

- Defnyddio gwahanol ffont a maint.
- Cynnwys lluniau.
- Enwi a chynnwys nodweddion pwysig.
- Creu crynodeb o gynnwys y llyfr.

≫ Camau bach

- Edrych ar glawr un o'r llyfrau.
- Adnabod nodweddion.
- Labelu clawr.
- Cynllunio clawr.
- Creu clawr gwreiddiol.

Cwrdd â Chriw Talentog

TRIO

Manon Steffan Ros – Awdur

Huw Aaron – Arlunydd

Cyn y cyfweliad

- Ymchwiliwch i fywyd a gwaith yr awdur a'r arlunydd.
- Gwnewch boster gwybodaeth amdano/amdani ar y cyfrifiadur.
- Cofnodwch 10 cwestiwn ar gyfer yr awdur/arlunydd ar ffurf holiadur gan gofio: **Ble? Sut? Pwy? Pryd? Pam? Beth?** Ystyriwch y broses ysgrifennu/arlunio, sbardun creadigol, unrhyw gyngor gwerthfawr.

Yn dilyn y cyfweliad

- Ysgrifennwch beth ddysgoch chi yn ystod y cyfweliad.
- Gwnewch daflen wybodaeth yn cynnwys 10 ffaith ddiddorol am yr unigolion.
- Gweithgaredd celf – edrychwch ar arddull yr arlunydd a'i efelychu. Neu dilynwch y ddolen i ddod o hyd i sesiynau tiwtorial gyda Huw Aaron.

Yn ystod y cyfweliad

- Gofynnwch gwestiynau sydd yn yr holiadur ac ymateb i'r atebion.
- Gwnewch nodiadau yn ystod y cyfweliad.

https://www.youtube.com/channel/UCjbHZGFNpOPW9w7vKixrNyQ

>> Meini Prawf Llwyddiant

- Amrywiaeth o gwestiynau perthnasol.
- Cwestiynau effeithiol sy'n gofyn am ymateb manwl nid 'ydy'/'nac ydy'.
- Gwneud nodiadau yn ystod y cyfweliad.
- Yn dilyn y cyfweliad, nodi'r atebion mewn brawddegau llawn gan amrywio dechrau brawddegau.

>> Camau bach

- Ymchwil i fywyd a gwaith yr awdur/arlunydd.
- Creu grid GED amdano/amdani.
- Beth yw bwriad holiadur?
- Ystyried gwahanol gwestiynau i'w gofyn – Beth? Pam? Sut? Pryd?
- Llunio holiadur o 10 cwestiwn.

Y TRI PHRIF GYMERIAD

Pwtyn bach llipa oedd Stan. Ymlwybrai'n flinedig a phwyllog ar hyd y dref. Roedd y cryman ar ei gefn yn fwrn arno wedi blynyddoedd o straffaglu a halio bwcedi gorlawn a defaid ystyfnig. Rhofiau o ddwylo'n hongian wrth ei ochr ac ôl staen melyn fel danned hen wrach ar ei gwt fys a bawd llaw dde. Wyneb main, llawn rhychau bach oedd ganddo a llygaid glas golau, mor olau nes eu bod bron yn ddi-liw. Syllodd yn ddireidus heibio pawb a phopeth ar y pafin. Bois bach! Pefriodd ei lygaid! Efallai eu bod nhw'n pefrio oherwydd gwyntoedd main o'r mynyddoedd neu efallai mai deigryn oedd yno? Ond na! O dan ei got lwydlas, seimllyd, ddi-siâp cuddiai cyfrinach. Stan yn unig oedd yn rhannu'r gyfrinach hon.

Ysgrifennwch bortread o'ch hoff gymeriad o straeon 'TRIO'.

Sut gymeriadau ydyn nhw?

Edrychwch am gliwiau yn y llyfr a chreu tabl dan y penawdau hyn

ENW	DISGRIFIAD	PWERAU	EICH BARN

Darllenwch y portread hwn i adnabod nodweddion arbennig y ffurf. Lluniwch feini prawf llwyddiant cyn mynd ati i greu eich portread.

≫ Meini Prawf Llwyddiant

- Defnyddio berfau trydydd person.
- Disgrifio edrychiad a phersonoliaeth.
- Disgrifio hanes a gweithredoedd.
- Creu crynodeb o'r person yn y paragraff olaf.

≫ Camau bach

- Darllen portread i ddeall y ffurf.
- Nodi nodweddion ieithyddol a chynnwys.
- Ymarfer rhediad berfau 3ydd person.
- Labelu llun o'r person o ran edrychiad.
- Disgrifio personoliaeth.
- Cynllunio'r portread ar ffurf map meddwl.

Antur!

Edrychwch mewn geiriaduron a thesawrws am ystyr 'antur'. Ewch ati i greu diffiniad fel dosbarth.

O fewn grwpiau trafodwch:

Beth yw antur? Ydych chi wedi cael antur? Ydych chi wedi darllen straeon antur eraill? Beth sy'n bwysig mewn stori antur?

Creu casgliad o hoff straeon antur yn y dosbarth i'w darllen a'u mwynhau.

Defnyddiwch lun fel sbardun ar gyfer 'sgwennu stori sydyn' sy'n cynnwys antur. Defnyddiwch y cwestiynau ar gyfer eich sbarduno i gofnodi'r peth cyntaf sy'n dod i'r meddwl, fel y drafft cyntaf ar gyfer eich stori antur.

- **Pa 3 lliw sy'n amlwg i chi?**
- **Enwch 3 pheth sydd i'w gweld.**
- **Cofnodwch 3 sŵn (mae'r dychymyg yn gallu clywed!).**
- **Petaech yn syrthio yn y llun beth fyddech chi'n teimlo'n gorfforol?**
- **Pa 3 blas neu arogl ydych chi'n synhwyro?**
- **Enwch 3 theimlad o fewn y llun.**
- **Yng nghanol y llun mae siâp sy'n debyg i beth? Enwch 3 pheth gwahanol (3 x cymhariaeth, e.e. boncyff y goeden fel trwnc eliffant).**
- **Beth ddigwyddodd wedi i'r llun gael ei dynnu? Beth yw'r broblem?**
- **Pwy yw'r arwr/dihiryn?**

≫ Meini Prawf Llwyddiant

- Cyflwyno problem i'w datrys.
- Cynnwys arwr a dihiryn.
- Un digwyddiad mawr, cyffrous.
- Yr arwr yn gorchfygu.
- Paragraffu'n ddeallus – dechrau, canol a diwedd.

≫ Camau bach

- Trafod beth ydy antur?
- Crynhoi un antur TRIO mewn 5 brawddeg.
- Ateb y cwestiynau ar y daflen.
- Darllen straeon antur eraill.
- Ymuno mewn sesiwn 'sgwennu sydyn. Cynllunio stori antur ar fap stori mewn paragraffau.

Ha Ha! Hiwmor
– Eich barn chi!

Dewiswch un rhan digri o'ch hoff stori o gyfres TRIO.
Mynegwch eich barn, gan egluro pam mae'r rhan hon yn gwneud i chi chwerthin.

Rydw i'n credu/ Dydw i ddim yn credu...

Fy marn i yw... oherwydd

Yn bendant mae...

Y rheswm rwyf yn meddwl hyn yw...

» Meini Prawf Llwyddiant

- Defnyddio geirfa 'mynegi barn'.
- Dyfynnu o'r llyfr.
- Rhoi rhesymau dros eich barn.
- Paragraffu deallus – pob paragraff yn sôn am un peth.
- Crynhoi yn y paragraff olaf.

» Camau bach

- Trafod hiwmor mewn trafodaeth ddosbarth, yn dilyn y cwestiynau ar y daflen.
- Darllen darnau digri o un o'r nofelau.
- Mynegi barn am y darn ar lafar.
- Mynegi barn yn ysgrifenedig gan roi rhesymau dros eich barn.

Deialog Difyr

Tudalen 47/48 – Antur y Mileniwm

'O! Diolch byth!' meddai'r ddynes. 'Rydych wedi dod o hyd i Smwj!'

Syllodd Clem arni. 'Mae'n ddrwg gen i?'

'Smwj! Y Tegan!' Pwyntiodd y ddynes at y Tegan meddal. 'Mae Wendi bach yn torri ei chalon ers iddi sylwi ei fod ar goll .... Fy mabi bach del i.'

Syllodd Derec i lawr ar y babi. Doedd o ddim yn meddwl fod Wendi yn fabi del o gwbl. A dweud y gwir, roedd ganddi wyneb fel torth o fara.

Ymestynnodd y ddynes am y Tegan, ond symudodd Clem o'i ffordd, yn dal Smwj yn dynn. 'Na, na. Mae arna i ofn eich bod chi'n anghywir.'

'Yn anghywir?' ailadroddodd y ddynes.

'Ia! Nid Tegan eich ..... Wendy bach ydi hwn. Cliw hollbwysig ydi o. Mae'n gliw hollbwysig gan Bwningen.'

'Bw be?' holodd y ddynes.

'Bwningen!'

'Math o gwningen enfawr sy'n byw dan y Senedd,' esboniodd Dilys. 'Mae hi'n gwirioni ar doiledau.'

Ysgwydodd y ddynes ei phen. Edrychai braidd yn flin nawr.

'Dwi ddim yn gwybod am be rydych chi blant rhyfedd yn sôn, ond rhowch y tegan yna 'nôl i mi NAWR!'

Gweithgareddau

- Darllenwch ac actiwch y ddeialog. Perfformiwch ac aseswch eich cyfoedion.

- Edrychwch ar yr atalnodi – pam ydym yn defnyddio ?, !, ., , ...,

- Trafodwch y cynnwys – defnydd o hiwmor, beth oedd Clem eisiau dweud 'Ia, nid Tegan eich ....

- Sylwch ar y gair 'dywedodd'. Oes geiriau eraill allwch chi eu defnyddio yn lle 'dywedodd'?

- Ysgrifennwch ddeialog eich hun mewn grwpiau.

≫ Meini Prawf Llwyddiant

- Defnyddio paragraff newydd i bob siaradwr.
- Dyfynodau o gwmpas y geiriau sy'n cael eu dweud.
- Defnyddio geiriau amrywiol ar gyfer 'dywedodd'.

≫ Camau bach

- Darllen y ddeialog ar y daflen.
- Actio'r ddeialog.
- Sylwi ar elfennau atalnodi.
- Casglu geiriau gwahanol am 'dywedodd'.
- Ysgrifennu deialog mewn grŵp.

Arch Arwyr

Pwy yw eich hoff arch arwyr?

Edrychwch ar gomics, ac ar y we. Casglwch luniau ohonynt ac ysgrifennu ffeithiau amdanynt.

Pwy fuaset yn eu helpu?

Pa fath o wisg byddet yn ei wisgo?

Pa offer byddet yn ei ddefnyddio?

Pa bwerau buaset ti'n eu hoffi? Pam?

Meddylia am enw i'ch arch arwr.

Pwy yw dy hoff arch arwr? Pam?

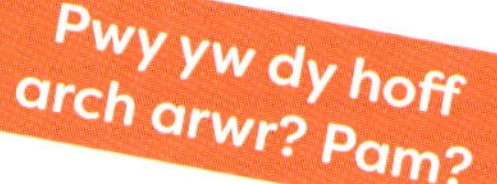

Llun	Ffeithiau
	Enw ....
	Gwisg ....
	Pwerau ....

Llun	Ffeithiau
	Enw ....
	Gwisg ....
	Pwerau ....

Llun	Ffeithiau
	Enw ....
	Gwisg ....
	Pwerau ....

Yn eich grwpiau, meddyliwch am arch arwr eich hunan. Rhowch enw iddo/ iddi a chynlluniwch wisg. Beth yw ei bwerau/phwerau arbennig?

Gwnewch lun o'ch arch arwr. Ysgrifennwch ddrama fer amdano/amdani. Actiwch y stori a gwnewch fideo ohoni i'w dangos i weddill y dosbarth.

» Meini Prawf Llwyddiant

- Gosod y gwaith ar ffurf drama.
- Enwau cymeriadau ar y chwith.
- Defnyddio colon ar ôl yr enw.
- Cyfarwyddiadau symud mewn cromfachau.
- Cyfarwyddiadau siarad ar ôl yr enw a'r colon.
- Llinell newydd ar gyfer pob siaradwr.

» Camau bach

- Darllen drama fel sesiwn ddarllen dosbarth.
- Creu MPLl y ffurf fel dosbarth.
- Cynllunio ar sail dechrau, canol, diwedd.
- Mewn grwpiau, ysgrifennu drama.
- Actio'r ddrama i weddill y dosbarth.
- Gwerthuso ar lafar.

Antur y Castell

Ffurf	Gweithgareddau	Yr hyn sy'n bwysig	I, Ll a Chyfathrebu Cam Cynnydd 2	I, Ll a Chyfathrebu Cam Cynnydd 3	Cysylltiadau trawsgwricwlaidd
Grid GED – Caernarfon Tud. 21	*Beth maent yn ei wybod am Gaernarfon? *Defnyddio'r lluniau ar y caflen i gasglu ffeithiau cychwynnol. Ymchwilio i ganfod ffeithiau eraill i lenwi'r golofn gyntaf ar y grid GED. *Trafod a nodi unrhyw gwestiynau sydd gennych. *Ar ddiwedd yr uned waith, llenwi'r drydedd golofn.	Mae deall ieithoedd yn allweddol i ddeall y byd o'n hamgylch.	Rwy'n gallu deall gwybodaeth am amrywiaeth o bynciau.	Rwy'n gallu gwrando ar a deall gwybodaeth am amrywiaeth o bynciau, gan grynhoi'r prif bwyntiau.	Dyniaethau – Casglu gwybodaeth am leoliad.
Adroddiad – Darlledu Newyddion Tud. 22	*Darllen yr adroddiad teledu a'r cyfweliad â Cai Cash. *Edrych a gwrando ar un adroddiad teledu diweddar. *Trafod 'Beth yw nodweddion adroddiad teledu?' *Pawb o fewn y grŵp i dde-byn rolau gwahanol. *Cydweithio i ysgrifennu cyflwyniad teledu yn cynnwys cyfweliad, a'i recordio i ddangos i weddill y dosbarth. *Asesu cyfoed.	Mae mynegi ein hunain drwy ieithoedd yn allweddol i gyfathrebu.	Rwy'n gallu edrych ar fy ngwaith ac rwy'n dechrau defnyddio ystod o strategaethau ac adnoddau cyfarwydd i wella fy ngwaith llafar ac ysgrifennu.	Rwy'n gallu myfyrio ar ansawdd fy mynegiant a defnyddio ystod o strategaethau i sicrhau mwy o eglurder yn fy nghyfathrebu gweledol, llafar ac ysgrifenedig.	Celfyddydau Mynegiannol – ffilmio

Antur y Castell

Ffurf	Gweithgareddau	Yr hyn sy'n bwysig	I, Ll a Chyfathrebu Cam Cynnydd 2	I, Ll a Chyfathrebu Cam Cynnydd 3	Cysylltiadau trawsgwricwlaidd
Cyflwyniad PowerPoint – Cestyll Cymru Tud. 23	*Gan ddefnyddio jig-so Cestyll Cymru, sylwi ar leoliad y cestyll enwog. *Mewn grwpiau, lleoli 12 castell ar fap o Gymru a dewis un i ymchwilio iddo. *Cynllunio a chreu cyflwyniad PowerPoint am gastell. *Rhannu'r cyflwyniad a hunan asesu.	Mae mynegi ein hunain drwy ieithoedd yn allweddol i gyfathrebu.	Rwy'n gallu esbonio gwybodaeth a rhannu syniadau, barn a theimladau gan ddefnyddio geirfa berthnasol.	Does dim deilliannau dysgu yma.	Dyniaethau – Cwricwlwm Cymreig
Pyramid pwysigrwydd – Adeiladau Arbennig Tud. 24	*Trafod pwysigrwydd Castell Caernarfon. *Ystyried adeiladau eraill sy'n bwysig. Rhestru'r 10 pwysicaf. *Trafod a gosod yr adeiladau ar y pyramid pwysigrwydd, gan roi rhesymau. *Cymharu pyramid pawb o fewn y dosbarth a dod i gonsensws barn.	Mae mynegi ein hunain drwy ieithoedd yn allweddol i gyfathrebu.	Rwy'n gallu esbonio gwybodaeth a rhannu syniadau, barn a theimladau gan ddefnyddio geirfa berthnasol.	Rwy'n gallu rhyngweithio gydag eraill, siarad ac ysgrifennu am fy meddyliau, teimladau a barn, gan ddangos empathi a pharch.	Dyniaethau – mynegi barn

Antur y Castell

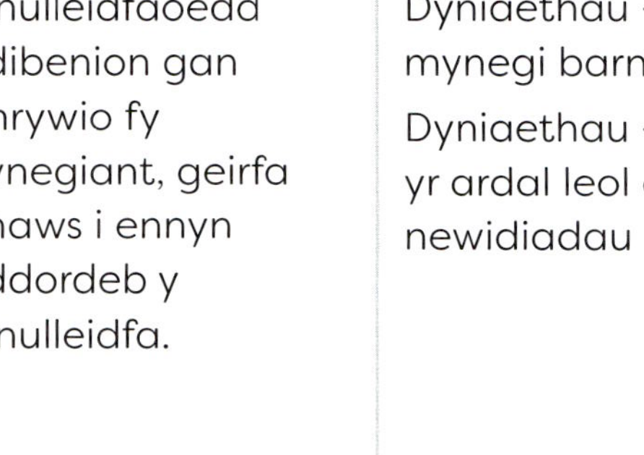 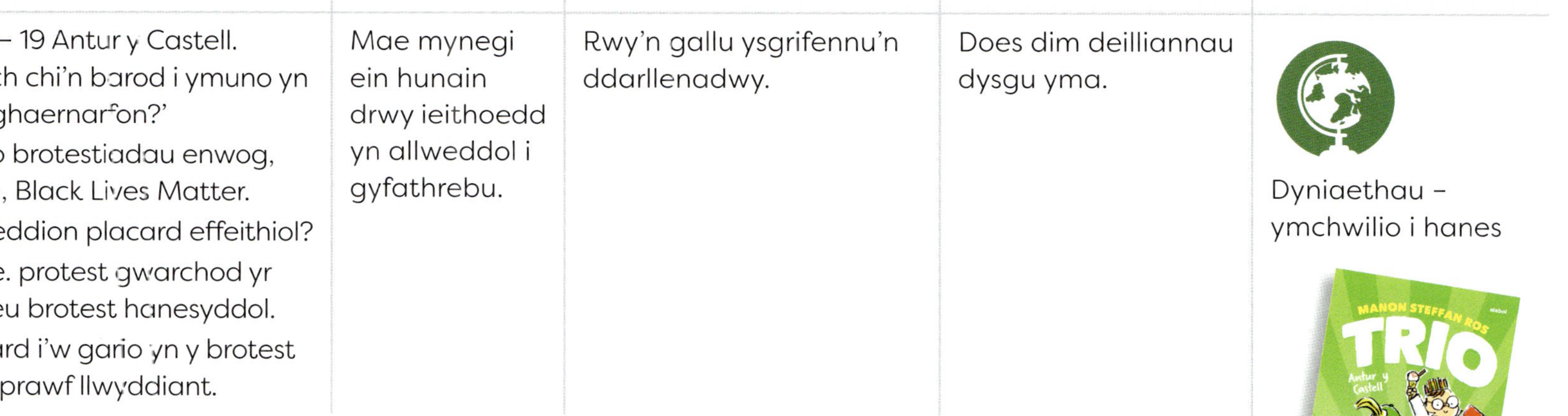

Ffurf	Gweithgareddau	Yr hyn sy'n bwysig	I, Ll a Chyfathrebu Cam Cynnydd 2	I, Ll a Chyfathrebu Cam Cynnydd 3	Cysylltiadau trawsgwricwlaidd
Dadl o blaid ac yn erbyn – Newid yn y Gymuned **Tud. 25**	*Trafodaeth 'Beth yw eich barn am gynlluniau Cai Cash, tud. 53?' *Ystyried hyn o fewn cyd-destun eu hardal leol. *Mewn parau, dewis un o'r senarios. *Ysgrifennu dadl gyda dwy ochr wahanol. *Gweddill y dosbarth i bleidleisio ar ddadleuon y parau wrth iddynt eu cyflwyno ar lafar.	Mae mynegi ein hunain drwy ieithoedd yn allweddol i gyfathrebu.	Rwy'n gallu trefnu fy ngwaith ysgrifennu i ddilyn yn rhesymegol. Rwy'n gallu siarad yn glir, gan amrywio mynegiant ac ystumiau er mwyn cyfathrebu fy syniadau. Rwy'n gallu defnyddio brawddegau syml ac amlgymaolg gan wneud dewisiadau er mwyn cyrraedd cynulleidfa benodol a chyflawni'r pwrpas a fwriadwyd.	Rwy'n gallu adnabod yr iaith briodol ar gyfer gwahanol gynulleidfaoedd a dibenion gan amrywio fy mynegiant, geirfa a naws i ennyn diddordeb y gynulleidfa.	Dyniaethau – mynegi barn Dyniaethau – yr ardal leol a newidiadau
Protestio – Placardiau **Tud. 26**	*Darllen tud. 18 – 19 Antur y Castell. Trafod 'A fyddech chi'n barod i ymuno yn y brotest yng Nghaernarfon?' *Trafod lluniau o brotestiadau enwog, e.e. Capel Celyn, Black Lives Matter. *Beth yw nodweddion placard effeithiol? Dewis achos, e.e. protest gwarchod yr amgylchedd, neu brotest hanesyddol. *Cynllunio placard i'w gario yn y brotest yn dilyn y meini prawf llwyddiant.	Mae mynegi ein hunain drwy ieithoedd yn allweddol i gyfathrebu.	Rwy'n gallu ysgrifennu'n ddarllenadwy.	Does dim deilliannau dysgu yma.	Dyniaethau – ymchwilio i hanes

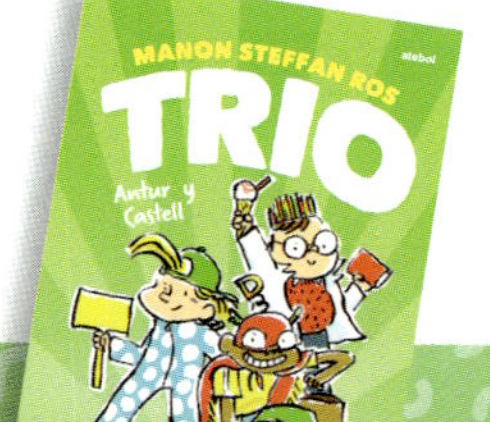

Antur y Castell

Ffurf	Gweithgareddau	Yr hyn sy'n bwysig	I, Ll a Chyfathrebu Cam Cynnydd 2	I, Ll a Chyfathrebu Cam Cynnydd 3	Cysylltiadau trawsgwricwlaidd
Gwerthuso caneuon **Adnodd digidol**	*Gwrando ar y ddwy gân – Llongau Caernarfon gan Sobin a'r Smaeliaid a Waliau Caernarfon gan Bob Delyn a'r Ebillion. *Trafodaeth ddosbarth yn seiliedig ar y cwestiynau. *Ysgrifennu gwerthusiad ohonynt mewn paragraffau byr.	Mae llenyddiaeth yn tanio'r dychymyg ac yn ysbrydoli creadigrwydd.	Rwy'n gallu defnyddio fy nychymyg i ymateb i lenyddiaeth.	Rwy'n gallu cynnig sylwadau ar lenyddiaeth a gwneud cysylltiadau rhwng yr hyn rwy'n ei glywed, ei ddarllen a'i weld.	 Celfyddydau Mynegiannol – mynegi barn.
Araith Aruthrol **Adnodd digidol**	*Ystyried 'Beth yw nodweddion araith dda?' drwy ddarllen a gwrando ar areithiau enwog. *Darllen a mynegi barn am araith Clem o Antur y Castell. Tanlinellu'r ffeithiau anghywir. *Ail ysgrifennu'r araith gyda ffeithiau cywir gan fynegi barn i orffen.	Mae deall ieithoedd yn allweddol i ddeall y byd o'n hamgylch.	Rwy'n gallu dehongli ystyr o destun a delweddau.	Rwy'n gallu defnyddio sgiliau dehongli a dod i gasgliad er mwyn deall testunau, a gallu ystyried dibynadwyedd yr hyn yr wyf yn ei ddarllen.	
Rhestr Chwarae	Cwis Antur y Castell				

Caernarfon

Gwnewch Grid GED, fesul grŵp, gan lenwi'r ddwy golofn gyntaf.
Llenwch y drydedd golofn ar ôl dysgu mwy am Gaernarfon.

Beth ydw i'n wybod yn barod?	Beth ydw i eisiau wybod?	Beth ydw i wedi ei ddysgu am Gaernarfon?

>> Meini Prawf Llwyddiant

- Defnyddio'r lluniau i ddysgu ffeithiau.
- Rhoi eich ffeithiau eich hunan yn y rhestr.
- Rhestru brawddegau ffeithiol gywir yn y golofn gyntaf.
- Gofyn cwestiynau perthnasol yn yr ail golofn.
- Llenwi'r drydedd golofn ar ddiwedd yr uned waith gyda ffeithiau cywir.

>> Camau bach

- Edrych ar y lluniau ar y daflen, eu trafod a rhestru ffeithiau.
- Ymchwilio a chasglu mwy o ffeithiau am Gaernarfon.
- Yn yr ail golofn, rhestru cwestiynau perthnasol.
- Ymchwilio i ganfod yr atebion.
- Llenwi'r drydedd golofn ar ddiwedd yr uned waith.

Adroddiad Teledu

Darllenwch dudalennau 70 – 71, Antur y Castell.

A dyna pryd y gwelodd hi'r ddynes ar y teledu'n dweud, 'Ac mae 'na ddathlu mawr yng Nghaernarfon heno ar ôl i'r castell gael ei achub gan dri pherson ifanc arbennig iawn ...'

Tawelodd Mam yn syth, ac aeth ei llygaid yn fawr, fawr.

'Mae adroddiadau'n dweud bod y criw, sy'n galw eu hunain yn Trio, wedi darbwyllo'r miliwnydd crand, Cai Cash, i beidio dymchwel Castell Caernarfon. Mae sôn y bydd cerfluniau mawr o Clem Clyfar, Dilys Ddyfeisgar a Derec Dynamo yn cael eu codi yng nghanol Maes Caernarfon i nodi'r diwrnod arbennig hwn ..... A phwt o newyddion i gloi, mae'n ymddangos fod maer Caernarfon wedi colli ei gadwyn aur ....'

Darllenwch y cyfweliad gyda Cai Cash ar dudalen 72 a 73

'Ro'n i'n benderfynol o droi Castell Caernarfon yn fwyty enfawr. Roedd gen i gynlluniau mawr! Ond roedd hynny tan i griw ifanc a gwych o'r enw Trio ddod i ddangos i mi mor bwysig ydi Caernarfon. Oeddech chi'n gwybod, er enghraifft, fod Caernarfon wedi cael ei enwi ar ôl bochdew hud o'r enw Arfon oedd yn byw yn y castell? Holwch Clem Clyfar - mae o'n gwybod yr hanes i gyd.'

Edrychodd y dyn newyddion ar Cai Cash yn gegrwth.

'Mae'r tri phlentyn yna'n anhygoel,' meddai Cai Cash wedyn. 'Pan fydda i'n agor fy mwyty newydd, dwi am enwi mathau o hufen iâ ar eu holau nhw. Triog! Dach chi'n deall? Hahaha! Ew! Dwi'n glyfar, tydw!'

Gweithgareddau:

- Darllenwch yr adroddiad a'r cyfweliad a gwnewch fideo ohonoch yn gwneud hynny. Bydd angen cyflwynydd yn y stiwdio, cyflwynydd yng Nghaernarfon, Cai Cash, dyn camera a chyfarwyddwr.
- Edrychwch ar fwletin newyddion Cymraeg ar y we – beth yw'r pethau pwysig?
- Ystyriwch rolau pobl sy'n gweithio ar fwletinau newyddion.
- Cynlluniwch ac ysgrifennwch adroddiad i'w ddarllen ar y newyddion – rhowch rolau gwahanol i aelodau'r grŵp fel y gwnaethoch gyda'r newyddion yn y llyfr.

≫ Meini Prawf Llwyddiant

- Cynnwys cyflwyniad a chlo.
- Sicrhau bod y ffeithiau'n gywir.
- Ateb y cwestiynau – Beth? Ble? Pwy? Lle? Pryd? Pam?
- Cynnwys cyfweliad.
- Darllen yn rhugl ac yn glir.

≫ Camau bach

- Darllen tudalennau 70 – 71.
- Ateb: Beth? Ble? Pwy? Lle? Pryd? Pam?
- Edrych ar eitem newyddion a nodi nodweddion.
- Ymchwilio i rolau staff newyddion.
- Cynllunio ac ysgrifennu.

Cestyll Cymru

Dechreuwch gyda jig-so Cestyll Cymru, gan Atebol. Sylwch ar leoliad y cestyll. Pa rai sy'n lleol i chi?

Ymchwiliwch mewn llyfrau ac ar-lein i ddarganfod 12 castell sydd yng Nghymru. Lleolwch rhain ar fap o Gymru.

Ymchwiliwch i un castell yn eich ardal leol chi. Mewn parau lluniwch gyflwyniad PowerPoint, Adobe Spark neu Restr Chwarae i'w ddangos i weddill y dosbarth. Gallwch ddefnyddio'r agoriadau yma ar gyfer cyflwyno'r wybodaeth.

Oeddech chi'n gwybod…

Un ffaith ddiddorol ydy…

Yn syfrdanol…

Er mwyn deall…

>> Meini Prawf Llwyddiant

- Defnyddio lliwiau a ffont addas.
- Sicrhau ffeithiau cywir a pherthnasol.
- Dewis a mewnosod lluniau da.
- Cyflwyniad clir ar lafar.

>> Camau bach

- Ymchwilio i Gestyll Cymru.
- Lleoli rhain ar fap o Gymru.
- Casglu lluniau a ffeithiau.
- Arbrofi gyda ffont a lliwiau yn rhaglen PowerPoint.
- Ymarfer y cyflwyniad cyn cyflwyno.

Adeiladau Arbennig — Eich barn chi!

Ydy Castell Caernarfon yn adeilad pwysig? Pam?

Pa adeiladau eraill sy'n bwysig? Rhestrwch 10 (e.e. ysgol, eglwys, siop).

Gosodwch rhain ar byramid pwysigrwydd, gan roi rhesymau dros eich penderfyniad.

PYRAMID PWYSIGRWYDD — ADEILADAU PWYSIG

Gosodwch eich labeli ar y pyramid pwysigrwydd. Cymharwch eich gwaith gyda grwpiau eraill cyn cynnal trafodaeth ddosbarth.

» Meini Prawf Llwyddiant

- Rhestru 10 adeilad pwysig.
- Trafod yn ddeallus.
- Dod i gonsensws.
- Cyflwyno'r gwaith yn glir ar lafar.
- Rhoi rhesymau dros safle pob adeilad.

» Camau bach

- Rhestru adeiladau pwysig.
- Rhoi rheswm dros gynnwys pob un.
- Trafodaeth grŵp i osod yr adeiladau ar y pyramid.
- Dod i gonsensws.
- Cyflwyno eich gwaith ar lafar.

Dadl Dda
— Dwy ochr i bob ceiniog!

'Cyn i chi ddweud mwy, dychmygwch hyn,' meddai Cai Cash. Pwyntiodd at un gornel o'r castell. 'Bydd 'na fyrgyrs a pizza ar gael yn fanno.' Pwyntiodd at gornel arall. Swshi a brechdanau yn fanno. Ac yma, yn yr union le 'dan ni'n sefyll rŵan, bydd na gŵn poeth a sglodion.'

Edrychodd Trio ar ei gilydd. Llyfodd Derec ei weflau wrth feddwl am yr holl fwyd blasus. 'Ma hynny yn swnio'n hyfryd .....' dywedodd.

'Ond yr uchafbwynt fydd y llawr uchaf,' meddai Cai Cash gyda gwên. 'Bydd 'na siop hufen iâ enfawr yna! Efo llawer iawn o wahanol flasau o hufen iâ .... siocled, fanila, mefus .....'

> Darllenwch dudalen 52 o Antur y Castell pan mae Cai Cash yn esbonio ei gynlluniau ar gyfer Castell Caernarfon.

- Trafodwch gynlluniau Cai Cash. Beth yw eich barn?

- Beth am eich ardal leol chi? Beth sydd yno? Beth sydd ddim yno? Beth fyddech chi'n newid?

- Lluniwch ddadl o blaid ac yn erbyn ar fater lleol neu o'r rhestr senarios. Cyflwynwch y ddadl a gadael i bawb bleidleisio. Cofnodwch y data.

Senarios

Mae cwmni adeiladu lleol am adeiladu archfarchnad enfawr yn eich pentref.

Mae'r Cyngor Sir am gau ffatri leol.

Bydd coedwig gyfan yn cael ei dinistrio er mwyn adeiladu fflatiau a thai.

Mae'r eglwys leol wedi ei chau ac am gael ei throi yn ddisgo.

Mae'r bont leol mewn cyflwr peryglus ac am gael ei thynnu lawr.

Cynlluniwch eich dadl fel hyn

- Paragraff 1 – Cyflwyno'r senario a rhoi safbwynt cychwynnol
- Paragraff 2 – Rhoi eich rhesymau dros eich safbwynt
- Paragraff 3 – Ateb dadl eich gwrthwynebwyr
- Paragraff 4 – Crynhoi eich barn yn bendant gyda'ch prif resymau

Geirfa effeithiol:

Cred rhai....	Yn yr un modd....
Rwy'n cytuno...	Rwy'n anghytuno....
Beth bynnag....	Ar y llaw arall....

❯❯ Meini Prawf Llwyddiant

- Rhoi cyflwyniad ar y dechrau.
- Cyflwyno dwy ochr y ddadl.
- Dod i gasgliad ar y diwedd.
- Rhoi rhesymau dros safbwyntiau.
- Crynhoi'r ddadl yn y paragraff diwethaf.

❯❯ Camau bach

- Ymateb i bennod yn y llyfr ar lafar.
- Cyflwyno pwyntiau o blaid ac yn erbyn mewn tabl.
- Penderfynu ar safbwynt – rhoi rhesymau dros y safbwynt.
- Trafod a dewis un senario o'r rhestr.
- Cynllunio paragraffau i drefnu'r pwyntiau.
- Ysgrifennu'r ddadl a dod i gasgliad.
- Cyflwyno eich dadl.

Protest y Bobl

Darllenwch dudalen 18 – 19 Antur y Castell

A fyddech chi'n ymuno yn y brotest a pham?

Dyma luniau protestiadau enwog.

Protest yn erbyn boddi Capel Celyn — ymchwiliwch i'r hanes a pham oedd y bobl yn protestio.

'Ond roedd y castell yn edrych yn wahanol iawn heddiw. A dweud y gwir yr oedd yn edrych yn hyll! Roedd sgaffaldiau wedi cael eu gosod o'i gwmpas, a chriw mawr o bobl yn sefyll yn ei ymyl yn gweiddi.

'Be ar y ddaear sy'n digwydd yma?' gofynnodd Dilys. 'Dewch i ni gael mynd at y bobl yna er mwyn holi.'

Roedd y bobl yn brysur iawn yn protestio, a dyn ifanc yn y blaen yn siarad efo nhw drwy feicroffon. Roedd pawb yn flin iawn, iawn, ac ar ôl gwrando ar y dyn ifanc am ychydig, daeth Trio i ddeall pam.

'Maen nhw wedi cau Castell Caernarfon!' meddai Derec mewn braw.

Er mwyn ei droi yn fwyty neu rhywbeth!' Ysgwydodd Dilys ei phen. 'Mae hynny'n ofnadwy! Clem, bydd rhaid i Trio wneud rhywbeth am hyn …. Clem? Ble aeth Clem?!'

Protest ym Mryste i achub yr amgylchedd — Greta Thunburg.

Ymchwiliwch i hanes Greta Thunburg, a pham mae hi'n areithio ac yn trefnu protestiadau yn ddiweddar.

Am be fyddech chi'n protestio? Lluniwch blacardiau!

≫ Meini Prawf Llwyddiant

- Rhoi'r neges yn glir.
- Defnyddio ffont ddarllenadwy.
- Defnyddio lluniau lliwgar.
- Dewis deunyddiau ac offer addas.
- Arddangos eich placard.

≫ Camau bach

- Darllen a thrafod y rhan o Antur y Castell.
- Dewis un brotest enwog ac ymchwilio i'r hanes.
- Edrych ar y placardiau yn y lluniau.
- Cynllunio a chreu placard eich hun.

Antur y Mileniwm

Ffurf	Gweithgareddau	Yr hyn sy'n bwysig	I, Ll a Chyfathrebu Cam Cynnydd 2	I, Ll a Chyfathrebu Cam Cynnydd 3	Cysylltiadau trawsgwricwlaidd
Cyflwyno gwybodaeth – Caerdydd Tud. 31	*Casglu a chofnodi ffeithiau am Gaerdydd. Darllen a chywain gwybodaeth o lyfrau, lluniau, mapiau a gwybodaeth ar y we. *Cynllunio a phrisio taith Gaerdydd. Ystyried trefnu ymweliad i'r brifddinas os yn bosib.	Mae ieithoedd yn ein cysylltu â'n gilydd.	Rwy'n dechrau defnyddio gwybodaeth sydd wedi'i chyflwyno mewn un iaith a'i mynegi yn fy ngeiriau fy hun mewn iaith arall.	Rwy'n gallu derbyn gwybodaeth mewn un iaith a'i haddasu at wahanol ddibenion mewn iaith arall.	Mathemateg a Rhifedd – arian Dyniaethau – dysgu am leoliadau yng Nghymru.
Disgrifiad dychmygol – Creaduriaid Dychmygol Tud. 32	*Darllen tud. 15 a 45 am y creaduriaid dychmygol. Disgrifio Danydon a Bwningen ar lafar. *Creu creadur dychmygol mewn parau. Ystyried edrychiad, personoliaeth, cartref, bwyd a phwerau'r creadur dychmygol. *Casglu ansoddeiriau a defnyddio thesawrws i ddatblygu a chasglu geirfa. *Arlunio ac ysgrifennu disgrifiad ohono mewn paragraffau trefnus.	Mae deall ieithoedd yn allweddol i ddeall y byd o'n hamgylch.	Rwy'n gallu datblygu fy ngeirfa trwy wrando a darllen, a defnyddio'r geiriau newydd hyn mewn amrywiaeth o gyd-destunau.	Rwy'n gallu gwrando a darllen er mwyn datblygu fy ngeirfa, ynganiad a strwythurau brawddegau, gan ddefnyddio'r rhain wrth i mi gyfathrebu.	Celfyddydau Mynegiannol – creu gwaith gwreiddiol.

Antur y Mileniwm

Ffurf	Gweithgareddau	Yr hyn sy'n bwysig	I, Ll a Chyfathrebu Cam Cynnydd 2	I, Ll a Chyfathrebu Cam Cynnydd 3	Cysylltiadau trawsgwricwlaidd
Atgofion – Dipyn o Sioe! Tud. 33	*Darllen tud. 22-25 pan mae'r cymeriadau yn trafod sioe 'Jyngl' yng Nghanolfan y Mileniwm. Trafod y darn ac uwch oleuwch y rhannau sy'n cyfeirio at e.e. hoff gymeriad, hoff rannau a theimladau. *Trafod un sioe neu berfformiad maen nhw wedi ei weld. Cynllunio ysgrifennu atgofion ar ffurf map meddwl. Dilyn y cynllun hwn ac ysgrifennu paragraffau.	Mae llenyddiaeth yn tanio'r dychymyg ac yn ysbrydoli creadigrwydd.	Rwy'n gallu defnyddio fy nychymyg i ymateb i lenyddiaeth a'i addasu i greu fy ngwaith fy hun.	Rwy'n gallu defnyddio'r hyn rwy'n ei wybod am arddulliau ysgrifennu a nodweddion gwahanol genres llenyddol er mwyn creu fy ngwaith fy hun.	Celfyddydau Mynegiannol – sioeau theatrig.
Mynegi barn – Graffiti neu Fandaliaeth Tud. 34	*Defnyddio'r llun graffiti ar dud. 25 er mwyn sbarduno trafodaeth i fynegi barn ar y testun 'Ai celf neu fandaliaeth yw graffiti?' *Trafod lluniau Banksy, wal John Lennon, a graffiti ar drenau. *Ysgrifennu darn sy'n mynegi barn am graffiti, gan roi rhesymau dros y farn honno.	Mae mynegi ein hunain drwy ieithoedd yn allweddol i gyfathrebu.	Rwy'n gallu cyfathrebu gan ddefnyddio geirfa sy'n gynyddol amrywiol ac yn gynyddol fanwl gywir.	Rwy'n gallu addasu a thrin iaith a gwneud dewisiadau priodol ynghylch geirfa, iaith idiomatig a chystrawen er mwyn mynegi fy hun yn rhugl ac eglur.	Celfyddydau Mynegiannol – trafod gwaith artistiaid.

Antur y Mileniwm

Ffurf	Gweithgareddau	Yr hyn sy'n bwysig	I, Ll a Chyfathrebu Cam Cynnydd 2	I, Ll a Chyfathrebu Cam Cynnydd 3	Cysylltiadau trawsgwricwlaidd
Ysgrifennu ffeithiol – Banksy Tud. 35	*Ymchwilio i hanes a gwa th yr arlunydd Banksy ar y wefan. Crynhoi ei fywyd a'i waith mewn 10 ffaith gan drawsieithu. *Trafod a gwerthuso rhai o luniau Bansky gan ystyried y negeseuon sydd o fewn ei luniau. Efelychu un o'i luniau ac arbrofi.	Mae deall ieithoedd yn allweddol i ddeall y byd o'n hamgylch.	Rwy'n gallu darganfod a defnyddio gwybodaeth o wahanol ddeunyddiau rwyf yn eu ddarllen. Rwy'n gallu dehongli ystyr o destun a delweddau.	Rwy'n gallu defnyddio sgiliau dehongli a dod i gasgliad er mwyn deall testunau, a gallu ystyried dibynadwyedd yr hyn rwyf yn ei ddarllen.	Celfyddydau Mynegiannol – efelychu arddull arlunydd.
Gwaith llafar – Da a Drwg Tud. 36	*Trafod 'da a drwg' yn ystod amser cylch. Annog disgyblion i ddilyn rheolau amser cylch. Ystyried cwestiynau mawr, e.e. Beth yw da a drwg? Ystyried hyn mewn gwahanol gyd destunau, e.e. Beth yw ymddygiad da a drwg? Beth sy'n dda i ni a beth sy'n ddrwg i ni? All rhywun drwg newid i fod yn berson da? *Trafod y dyfyniadau ar y cardiau ac mewn parau dewis un ac egluro ei ystyr a mynegi barn amdano.	Mae mynegi ein hunain drwy ieithoedd yn allweddol i gyfathrebu.	Rwy'n gallu ymgymryd ag ystod o rolau a rheoli fy nghyfraniad yn briodol.	Rwy'n gallu ymateb i safbwyntiau pobl eraill, gan ofyn am eglurhad, strwythuro dadleuon, crynhoi ac esbonio'r hyn rwyf wedi'i glywed, ei ddarllen neu'i weld.	Iechyd a Lles – myfyrio ar brofiadau a theimladau.

Antur y Mileniwm

Ffurf	Gweithgareddau	Yr hyn sy'n bwysig	I, Ll a Chyfathrebu Cam Cynnydd 2	I, Ll a Chyfathrebu Cam Cynnydd 3	Cysylltiadau trawsgwricwlaidd
E-bost – Senedd Ieuenctid Cymru Adnodd digidol	*Darllen a thrafod tud. 18 – 20 o Antur y Mileniwm. Dysgu ffeithiau cywir am y ganolfan ar wefan Canolfan y Mileniwm. *Cywain gwybodaeth am Lywodraeth Cymru a Senedd Ieuenctid Cymru ar eu gwefan. Trafod fel dosbarth beth fydden nhw'n awyddus neu newid yng Nghymru fel aelod o'r Senedd. Cyd ysgrifennu e-bost at y Senedd.	Mae mynegi ein hunain drwy ieithoedd yn allweddol i gyfathrebu.	Rwy'n gallu esbonio gwybodaeth a rhannu syniadau, barn a theimladau gan ddefnyddio geirfa berthnasol.	Rwy'n gallu rhyngweithio gydag eraill, siarad ac ysgrifennu am fy meddyliau, teimladau, a barn, gan ddangos empathi a pharch.	Technoleg/ Cymhwysedd Digidol – cysylltu trwy e-bost.
Cyfarwyddiadau – Dilyn Map Adnodd digidol	*Cymharu dau fap o Fae Caerdydd gyda phartner. Adolygu cyfeiriad, cyfesurynnau, symbolau a graddfa. *Yn unigol rhestru cwestiynau i'r partner geisio eu hateb ar lafar. *Dewis dau leoliad i ysgrifennu cyfarwyddiadau sut i fynd o un lle i'r llall.	Mae mynegi ein hunain drwy ieithoedd yn allweddol i gyfathrebu.	Rwy'n gallu trefnu fy ngwaith ysgrifennu i ddilyn yn rhesymegol.	Does dim deilliannau dysgu yma.	Dyniaethau – darllen mapiau.
Rhestr Chwarae	Cwis Antur y Mileniwm				

Caerdydd

Sut le yw Caerdydd? Ymchwiliwch ar y we. Ceisiwch ddarganfod map, lluniau a ffeithiau am y ddinas.

 Darllenwch am atyniadau poblogaidd y ddinas.

Croeso Caerdydd • Prifddinas Cymru

Roedd TRIO yn cael aros dros nos yng Nghaerdydd a chael mynd i weld sioe yng Nghanolfan y Mileniwm.

Mewn parau, cynlluniwch daith o'ch cartref i Gaerdydd. Ystyriwch:
- Teithio ar drên neu fws i'r ddinas
- Gwesty am noson
- Pryd o fwyd
- Tocyn i weld sioe
- Mynediad i un atyniad

Gosodwch eich gwaith mewn tabl fel hyn a chyfrifwch y swm y byddech yn ei wario.

	DISGRIFIAD	PRIS
TEITHIO		
GWESTY		
PRYD O FWYD		
SIOE THEATR		
ATYNIAD		
CYFANSWM		

Gallwch hefyd lunio amserlen o'ch ymweliad.

≫ Meini Prawf Llwyddiant

- Cynnwys ffeithiau cywir.
- Gwirio'r prisiau.
- Cyfrifo'n gywir.
- Dangos eich tystiolaeth.

≫ Camau bach

- Trafod beth ydych yn gwybod am Gaerdydd.
- Casglu lluniau, ffeithiau a map.
- Darllen am atyniadau'r ddinas.
- Prisio'r 5 elfen ar y daflen.
- Cyfrifo cyfanswm pris y daith.

Creaduriaid Dychmygol

'Mae'r Fwningen yn fath enfawr o gwningen wyllt a chas sydd yn byw mewn selerau adeiladau pwysig,' esboniodd Clem. 'Mae 'na un yn Nhŷ'r Cyffredin yn Llundain, yn y Tŷ Gwyn yn yr Uned Daliaethau, ac mae'n ymddangos, yn Senedd Bae Caerdydd!'

'Mae'r Senedd rownd y gornel i'r fan hyn!' ebychodd Dilys.

'Yn union!' meddai Clem. Maen nhw'n gwningod dieflig iawn, efo dannedd miniog a llygaid cochion a chrafangau hir, main ..... Ac maen nhw'n byw ar hufen iâ!'

'Mae Canolfan y Mileniwm yn llawer mwy na hynny,' meddai Clem, gan gau'r sip ar ei fag. 'Ydych chi wedi ei gweld hi?' Aeth at ei gyfrifiadur, teipio ambell air, ac ymddangosodd llun ar y sgrin. 'Mae'r lle wedi ei fodelu ar siâp yr hen ddeinasor oedd yn arfer byw ym Mae Caerdydd – y Danydon. Creadur anhygoel oedd y Danydon. Mae o wedi diflannu bellach wrth gwrs.'

Dyma Clem yn siarad drwy'i het unwaith eto! Ond hwyl garw yw creu creaduriaid dychmygol. Mae creadur dychmygol arall yn Antur y Mileniwm a dyma hi.

- Mewn parau, dechreuwch greu eich creadur dychmygol eich hunan. Ystyriwch ei edrychiad, personoliaeth, ei gartref, bwyd a'i bwerau arbennig.
- Ystyriwch ddefnyddio adeilad enwog yn y byd i greu creadur dychmygol, e.e Tŵr Eiffel fel jiráff amryliw, tŷ opera Sydney fel anghenfil enfawr.
- Casglwch ansoddeiriau i'w defnyddio a defnyddiwch thesawrws a/neu geiriadur i gasglu rhai gwell.
- Disgrifiwch y creadur, o ran ei edrychiad, ei bwerau a lle mae'n byw, a beth mae'n fwyta. Trefnwch eich gwaith yn ofalus.
- Darllenwch hanesion creaduriaid mewn chwedlau, e.e. Tegi yn Llyn Tegid, Nessie yn Loch Ness.

>> Meini Prawf Llwyddiant

- Darllen a chofio nodweddion o'r llyfr.
- Creu creadur dychmygol mewn parau.
- Ysgrifennu paragraff i'w ddisgrifio gan gynnwys:

Edrychiad	Personoliaeth
Cartref	Bwyd
Pwerau	Defnyddio ansoddeiriau 'waw'.

>> Camau bach

- Darllen tudalen 15 a thudalen 45 o Antur y Mileniwm.
- Disgrifio Danydon a Bwningen ar lafar.
- Creu creadur dychmygol mewn parau.
- Casglu ansoddeiriau a defnyddio thesawrws i gasglu rhai gwell.
- Ystyried edrychiad, personoliaeth, cartref, bwyd a phwerau'r creadur dychmygol.
- Arlunio ac ysgrifennu disgrifiad ohono.

Dipyn o Sioe!

Darllenwch dudalennau 22 – 25 o Antur y Mileniwm am sioe 'Jyngl' welodd TRIO yng Nghanolfan y Mileniwm.

'Roedd y sioe yn dda iawn, yn llawn antur a thor calon a chariad a chaneuon, fel bydd sioeau da. Wylodd Mam pan benderfynodd y jiráff a'r hipo briodi yn y diwedd, yn enwedig pan ganodd y ddau gân ramantus o'r enw 'Does Dim (Anif) Ail Gyfle Gariad'

Cododd pawb ar eu traed i gymeradwyo ar ddiwedd y sioe. Roedd Mam yn clapio'n uwch na neb. 'Mae honna'n un o fy hoff sioeau erioed!' meddai. 'Bron gystal â Creision, y sioe am greision, ac Annwyd, y sioe gerdd am ddau gariad anhwylus.'

'Fy hoff gymeriad i oedd y gorila,' meddai Derec wrth iddyn nhw gerdded allan. 'Roedd o'n arallfydol o gryf, fel fi.' Dangosodd ei gyhyrau i bawb.

'Roedd y gorila'n edrych braidd yn rhy debyg i foronen, yn fy marn i,' meddai Dilys, gan roi sbectol yn ei bag.

'Ro'n i'n hoff o'r dylluan, gan ei bod yn glyfar iawn, fel fi,' meddai Clem. 'Mae creaduriaid doeth fel ni yn eitha prin wyddoch chi.'

'Hmm. Roedd hithau'n reit debyg i foronen hefyd, os ydach chi'n gofyn i mi,' atebodd Dilys. 'A dweud y gwir, fedra i ddim deall pam fod pob un o'r anifeiliaid yn y sioe yma'n oren. Dydy o ddim yn gwneud synnwyr!'

'Ron i wrth fy modd,' meddai mam, oedd yn dal i sychu ei dagrau o hapusrwydd. 'Does dim byd gwell na rhamant rhwng hipo a jiráff ....'

Edrychwch ar yr esiampl yma'n ofalus. Mewn parau, trafodwch yr hyn mae TRIO a Mam Clem yn eu dweud am sioe 'Jyngl'. Chwiliwch am yr ansoddeiriau a'r disgrifiadau o deimladau maent yn eu defnyddio.

Meddyliwch am un sioe yr ydych chi wedi ei gweld.

Cynlluniwch eich gwaith ar y map meddwl hwn.

Paragraff 1
Pa sioe oedd hi? Pryd a ble? Sut awyrgylch oedd yno?

Paragraff 2
Pwy oedd eich hoff gymeriadau a pham? Beth oedd eich hoff ran o'r sioe a pham?

Teitl y Sioe

Paragraff 3
Sut oedd y sioe yn gwneud i chi deimlo?

Paragraff 4
Crynhoi eich barn am y sioe, gan roi rhesymau dros eich barn.

≫ Meini Prawf Llwyddiant

- Dilyn y cynllun.
- Ysgrifennu mewn paragraffau deallus.
- Defnyddio ansoddeiriau effeithiol.
- Disgrifio eich teimladau.
- Diweddglo cryno.

≫ Camau bach

- Darllen tudalennau 22 – 25.
- Adnabod nodweddion yn y darn.
- Trafodaeth ddosbarth yn mynegi barn am y sioeau yr ydych wedi eu gweld.
- Cynllunio ar fap meddwl.
- Ysgrifennu atgofion.

Graffiti neu Fandaliaeth?
Dweud eich barn!

Beth yw graffiti? Ystyried a yw'n gelf neu'n fandaliaeth? Pleidleisiwch fel dosbarth i weld beth yw barn pawb.

Trafodwch yn eich grwpiau – Ydy graffiti yn gelf neu'n fandaliaeth?

Pa un o'r lluniau ydy eich ffefryn a pham?

Oes graffiti yn eich ardal leol chi?

Beth yw eich barn amdano?

Defnyddiwch frawddegau addas a rhesymau wrth fynegi barn, e.e. Rydw i'n credu mai celf yw graffiti, oherwydd bod yr artistiaid yn defnyddio lliw yn effeithiol.

Ysgrifennwch baragraff yn egluro eich barn am graffiti. Dilynwch y meini prawf llwyddiant.

» Meini Prawf Llwyddiant

- Ysgrifennu brawddegau gramadegol cywir.
- Mynegi eich barn yn glir.
- Rhoi rhesymau dros eich barn.
- Crynhoi yn y frawddeg olaf.

» Camau bach

- Edrych ar y llun ar dudalen 25.
- Trafodaeth gychwynnol – Beth ydy graffiti – celf neu fandaliaeth?
- Pleidlais ddosbarth a chofnodi'r canlyniad.
- Trafod y lluniau ar y daflen.
- Ymarfer brawddegau barn a rheswm.
- Ysgrifennu paragraff i fynegi eich barn a rhoi rhesymau dros y farn honno.

Banksy

Darllenwch am yr arlunydd enwog Banksy ar y wefan yma:

https://www.redtedart.com/kids-get-arty-exploring-street-art-banksy/?cn-reloaded=1

Dewch o hyd i 10 ffaith am Banksy.

Ysgrifennwch frawddegau sy'n cyflwyno hanes Banksy i ddisgyblion blwyddyn 7 yr ysgol uwchradd leol.

Ymchwiliwch i'w luniau yn ogystal. Casglwch eich ffefrynnau i'w harddangos.

Soniwch am liwiau ac arddull yr arlunydd. Beth yw negeseuon rhai o'i luniau?

≫ Meini Prawf Llwyddiant

- Darllen hanes Banksy.
- Trawsieithu'n effeithiol.
- Canfod 10 ffaith am Banksy.
- Rhestru rhain yn drefnus.

≫ Camau bach

- Darllen hanes yr arlunydd ar y wefan.
- Trafod beth ddarllenoch ar lafar gan drawsieithu.
- Casglu 10 ffaith am Banksy.
- Cyflwyno'r ffeithiau'n drefnus
- Gwaith efelychu arddull yr arlunydd ac ystyried ystyr ei luniau.

Da a Drwg

- **Beth yw da a drwg? Ystyried hyn mewn gwahanol gyd-destunau, e.e Pwy sy'n bobl dda, a phwy sy'n bobl ddrwg?**
- **Beth yw ymddygiad da a drwg?**
- **Beth sy'n dda i ni a beth sy'n ddrwg i ni?**
- **All rywun drwg newid i fod yn berson da?**

Y dysgwyr i gynnig eu cwestiynau eu hunain.

Ystyriwch y dyfyniadau hyn. Pa un yw eich hoff ddyfyniad? Pam? Eglurwch ei ystyr.

"Mae plant yn ddynwaredwyr naturiol sy'n ymddwyn fel eu rhieni er gwaethaf pob ymdrech i'w haddysgu'n dda."

Anhysbys.

"Daw popeth i hyn: y ffordd symlaf o fod yn hapus yw drwy wneud pethau da."

Helen Keller 1880-1968.

"Gair drwg a dynn y drwg ato."

Anhysbys.

"Y newyddion drwg yw fod amser yn hedfan. Y newyddion da yw mai chi yw'r peilot."

Michael Altshuler.

"Da yw dant i atal tafod."

Anhysbys.

"Ni waeth pa mor ddrwg y gall rhywbeth ymddangos, mae yna bob amser bethau i fod yn ddiolchgar amdanynt."

Anhysbys

≫ Meini Prawf Llwyddiant

- Dilyn rheolau Amser Cylch.
- Cyfrannu i drafodaeth.
- Creu cwestiynau mawr gwreiddiol.
- Dewis un dyfyniad ac egluro pam rydych yn ei hoffi.

≫ Camau bach

- Adolygu rheolau amser cylch.
- Trafod rhai cwestiynau mawr am thema da a drwg.
- Creu cwestiynau ein hunain.
- Dewis ac egluro un dyfyniad o'r casgliad.

Antur yr Eisteddfod

Ffurf	Gweithgareddau	Yr hyn sy'n bwysig	I, Ll a Chyfathrebu Cam Cynnydd 2	I, Ll a Chyfathrebu Cam Cynnydd 3	Cysylltiadau trawsgwricwlaidd
Grid GED – Eisteddfod **Tud. 41**	*Trafodaeth am thema'r Eisteddfod mewn grwpiau. *Cwblhau'r Grid GED am yr Eisteddfod, gan roi ffeithiau cryno yn y golofn gyntaf, a chwestiynau yn yr ail golofn. *Ymchwilio i hanes a thraddodiadau'r Eisteddfod cyn cwblhau'r drydedd golofn. *Ystyried trefnu Eisteddfod ddosbarth neu ysgol.	Mae deall ieithoedd yn allweddol i ddeall y byd o'n hamgylch.	Rwy'n gallu deall gwybodaeth am amrywiaeth o bynciau, gan adnabod y prif bwyntiau.	Rwy'n gallu gwrando ar a deall gwybodaeth am amrywiaeth o bynciau, gan grynhoi'r prif bwyntiau.	Cwricwlwm Cymreig – diwylliant Cymru.
Bywgraffiad – Enwogion Cymru **Tud. 42**	*Darllen am yr enwogion dychmygol sydd yn ail bennod Antur yr Eisteddfod. *Trafod - Pwy yw enwogion Cymru? – rhai presennol ac o'r gorffennol. *Darllen y bywgraffiad sydd ar y daflen a'r meini prawf lwyddiant ar gyfer y ffurf. *Cynllunio bywgraffiad am berson enwog o Gymru cyn creu'r paragraff.	Mae mynegi ein hunain drwy ieithoedd yn allweddol i gyfathrebu.	Rwy'n gallu ysgrifennu'n ddarllenadwy. Rwy'n gallu trefnu fy ngwaith ysgrifennu i ddilyn yn rhesymegol.	Rwy'n gallu ysgrifennu'n ddarllenadwy a rhugl.	Dyniaethau – ymchwilio i hanes.

Antur yr Eisteddfod

Ffurf	Gweithgareddau	Yr hyn sy'n bwysig	I, Ll a Chyfathrebu Cam Cynnydd 2	I, Ll a Chyfathrebu Cam Cynnydd 3	Cysylltiadau trawsgwricwlaidd
Cymharu – Cadeiriau'r Eisteddfod Tud. 43	*Darllen disgrifiad Clem am y gadair ddychmygol. Trafod beth maent wedi ei ddysgu am gadair yr Eisteddfod. *Trafod a chymharu'r cadeiriau ar y daflen gan ddefnyddio brawddegau amrywiol. *Ymchwilio, cynllunio, creu a gwerthuso model o gadair.	Mae mynegi ein hunain drwy ieithoedd yn allweddol i gyfathrebu.	Rwy'n gallu esbonio gwybodaeth a rhannu syniadau, barn a theimladau gan ddefnyddio geirfa berthnasol.	Rwy'n gallu rhyngweithio gydag eraill, siarad ac ysgrifennu am fy meddyliau, teimladau a barn, gan ddangos empathi a pharch.	
Gwaith llafar – Ennill a Cholli Tud. 44	*Cynnal sesiwn amser cylch i drafod y cwestiynau mawr ar y daflen. Pawb i gadw at reolau Amser Cylch. *Trafod y dyfyniadau enwog am ennill a cholli a dehongli'r negeseuon.	Mae mynegi ein hunain drwy ieithoedd yn allweddol i gyfathrebu.	Rwy'n gallu siarad yn glir, gan amrywio mynegiant ac ystumiau er mwyn cyfathrebu fy syniadau.	Does dim deilliannau dysgu yma.	Iechyd a Lles – cyfathrebu am deimladau.

Antur yr Eisteddfod

Ffurf	Gweithgareddau	Yr hyn sy'n bwysig	I, Ll a Chyfathrebu Cam Cynnydd 2	I, Ll a Chyfathrebu Cam Cynnydd 3	Cysylltiadau trawsgwricwlaidd
Gwerthuso cerdd – Cerdd Gronw Tud. 45	*Darllen cerdd Gronw o 'Antur yr Eisteddfod' a sylwadau'r awdur ar y gerdd. *Mynegi barn am y gerdd ar lafar cyn ysgrifennu gwerthusiad. *Mewn grwpiau ceisio gwella un pennill, ac yna cyfansoddi pennill gwreiddiol ar yr un patrwm sillaf ac odl.	Mae llenyddiaeth yn tanio'r dychymyg ac yn ysbrydoli creadigrwydd.	Rwy'n gallu adnabod nodweddion gwahanol fathau o lenyddiaeth a defnyddio iaith briodol i siarad amdanyn nhw.	Rwy'n gallu ystyried plot, cymeriad, thema a chyd-destun y llenyddiaeth rwy'n ei phrofi, gan gefnogi fy syniadau a'm barn gyda thystiolaeth o'r llenyddiaeth.	Cwricwlwm Cymreig – traddodiadau.
Llythyr ffurfiol – Diolchiadau'r Archdderwydd Tud. 46	*Darllen y paragraff o bennod 8 'Antur yr Eisteddfod'. *Dychmygu mai nhw yw'r archdderwydd. Ysgrifennu llythyr ffurfiol at TRIO yn diolch iddynt am achub y dydd, yn rhoi mynediad am ddim iddynt i bob Eisteddfod, ond hefyd yn gwrthod eu syniadau am newid seremoni'r cadeirio. *Ymchwilio i waith yr Archdderwydd ac edrych ar fideo o seremoni'r cadeirio o Eisteddfod 2019.	Mae mynegi ein hunain drwy ieithoedd yn allweddol i gyfathrebu.	Rwy'n gallu cyfathrebu gan ddefnyddio geirfa sy'n gynyddol amrywiol ac yn gynyddol fanwl gywir.	Rwy'n gallu addasu a thrin iaith a gwneud dewisiadau priodol ynghylch geirfa, iaith idiomatig a chystrawen er mwyn mynegi fy hun yn rhugl ac eglur.	Cwricwlwm Cymreig – traddodiadau Cymru.

Antur yr Eisteddfod

Ffurf	Gweithgareddau	Yr hyn sy'n bwysig	I, Ll a Chyfathrebu Cam Cynnydd 2	I, Ll a Chyfathrebu Cam Cynnydd 3	Cysylltiadau trawsgwricwlaidd
Ysgrifennu ffeithiol – Hedd Wyn **Adnodd digidol**	*Dysgu am hanes a bywyd Hedd Wyn. Edrych ar luniau'r daflen a meddwl am gwestiynau perthnasol. *Darllen ffeithiau amdano a chywain gwybodaeth ychwanegol, e.e. pwy oedd ei rieni? Ym mha frwydr bu farw? Neu mwy o gerddi a ysgrifennodd y bardd. *Edrych ar y fideo gan wneud nodiadau cyn ysgrifennu hanes ei fywyd mewn paragraffau ffeithiol cywir.	Mae deall ieithoedd yn allweddol i ddeall y byd o'n hamgylch.	Rwy'n gallu ymateb i'r hyn rwy'n ei glywed, ei ddarllen a'i weld, gan ofyn cwestiynau a dangos fy nealltwriaeth.	Rwy'n gallu darllen gydag empathi i adnabod safbwyntiau gwahanol bobl ar bynciau amrywiol.	Dyniaethau – hanes bywydau pobl. Cwricwlwm Cymreig – hanes a gwaith bardd.
Cyfansoddi cerdd – Cerdd 'haiku' **Anodd Digidol**	*Darllen ffeithiau am 'haiku' drwy edrych ar yr enghraifft. Creu meini prawf llwyddiant ar gyfer ysgrifennu haiku. *Dewis pwnc a chyfansoddi 'haiku' yn dilyn y meini prawf llwyddiant. Mewnoli llun addas fel cefndir. *Cyfoedion i asesu gwaith ei gilydd.	Mae llenyddiaeth yn tanio'r dychymyg ac yn ysbrydoli creadigrwydd.	Rwy'n gallu defnyddio fy nychymyg i ymateb i lenyddiaeth a'i haddasu i greu fy ngwaith fy hun.	Rwy'n gallu defnyddio'r hyn rwy'n ei wybod am arddulliau ysgrifennu a nodweddion gwahanol *genres* llenyddol er mwyn creu fy ngwaith fy hun.	Gwyddoniaeth a Thechnoleg – penderfyniadau dylunio.
Rhestr Chwarae	Cwis Antur yr Eisteddfod				

Sôn am 'Steddfod

Trafod a chasglu gwybodaeth am yr Eisteddfod mewn grwpiau.

Trafodwch y cwestiynau yma:

- Beth ydych chi wedi ei ddysgu am yr Eisteddfod ar ôl darllen 'Antur yr Eisteddfod'?
- Beth arall ydych chi'n gwybod am yr Eisteddfod?
- Ydych chi wedi bod mewn Eisteddfod?
- Ydych chi wedi cystadlu mewn Eisteddfod?
- Beth sydd i'w wneud mewn Eisteddfod, e.e. Eisteddfod ysgol, Eisteddfod yr Urdd, Eisteddfod leol, Eisteddfod Genedlaethol?

Yn dilyn trafodaeth lluniwch Grid GED am yr Eisteddfod, gan roi ffeithiau yn y golofn gyntaf, a chwestiynau yr hoffech eu hateb yn yr ail golofn.

Ewch ati i greu grid GED, fesul grŵp, gan lenwi'r ddwy golofn gyntaf. Llenwch y drydedd golofn ar ôl dysgu mwy am yr Eisteddfod.

Beth rydym yn ei wybod?	Beth rydym eisiau ei wybod?	Beth rwyf wedi ei ddysgu am yr Eisteddfod?

Beth am ymchwilio i ddarganfod mwy am hanes yr Eisteddfod?

https://www.bbc.co.uk/cymru/hanes/safle/themau/eisteddfodau/hanes_eisteddfod.shtml

Gallwch hefyd drefnu Eisteddfod ddosbarth, ysgol neu hyd yn oed eisteddfod gyda ysgol arall dros y we! Meddyliwch am gystadlaethau gwahanol ac unigryw!

» Meini Prawf Llwyddiant

- Rhestru brawddegau ffeithiol gywir yn y golofn gyntaf.
- Gofyn cwestiynau perthnasol yn yr ail golofn.
- Llenwi'r drydedd golofn ar ddiwedd yr uned waith gyda ffeithiau cywir.

» Camau bach

- Trafod y cwestiynau ar y daflen mewn grwpiau.
- Rhestru ffeithiau yn y golofn gyntaf.
- Yn yr ail golofn, rhestru cwestiynau perthnasol.
- Ymchwilio i ganfod yr atebion.
- Llenwi'r drydedd golofn ar ddiwedd yr uned waith.

Enwogion Cymru – Bywgraffiad

Darllenwch am yr enwogion dychmygol yn ail bennod 'Antur yr Eisteddfod'.

Pwy yw enwogion Cymru go iawn? Pwy yw eich arwyr chi? Meddyliwch am enwogion ym myd chwaraeon, adloniant, cerddoriaeth, e.e. Tom Jones, Alun Wyn Jones, Cerys Matthews, Roald Dahl, Gareth Bale.

Beth am arwyr hanes Cymru, e.e. Owain Glyndŵr, Aneurin Bevan, Dewi Sant, Betty Campbell a Cranogwen?

Astudiwch ffurf bywgraffiad, e.e. Y Bywgraffiadur Cymreig.

Ysgrifennu ffeithiol am berson ydy bywgraffiad. Darn byr yn disgrifio person enwog yn gronolegol. Mae'n rhoi ffeithiau am lle a phryd ganwyd person, gwybodaeth am fagwraeth, addysg a phrif ddigwyddiadau bywyd.

Ystyriwch ydy'r meini prawf llwyddiant yn amlwg yn y bywgraffiad.

- Cyflwyno'r person
- Ffeithiau cronolegol
- Ateb pam mae'r person yn enwog?
- Ysgrifennu yn y gorffennol

Cynlluniwch fywgraffiad ar un person enwog o Gymru o'ch dewis chi. Ymchwiliwch ar y we i ddarganfod ffeithiau cywir.

____

Enw llawn:

____

Ble ganwyd:

____

Addysg:

____

Pam mae'n enwog?

____

Ble mae'n byw yn awr?

Dyma fywgraffiad Manon Steffan Ros.

Ros – Manon Steffan. Ganwyd yr awdur a'r dramodydd Manon Steffan Ros ar 19 Ionawr 1983 yn Rhiwlas, Gwynedd. Y mae'n ferch i'r canwr Steve Eaves. Aeth i Ysgol Gynradd Rhiwlas ac Ysgol Uwchradd Dyffryn Ogwen. Mae'n ddramodydd ac awdur enwog a llwyddiannus, ac wedi ennill nifer fawr o wobrau cenedlaethol am ysgrifennu dramâu a nofelau. Enillodd ei medal ddrama gyntaf yn 2005. Mae wedi ysgrifennu nifer o lyfrau i blant, a'i chyfres ddiweddaraf yw 'Trio', am anturiaethau tri o blant arbennig iawn. Mae'n byw yn Nhywyn gyda'i meibion.

≫ Meini Prawf Llwyddiant

- Cyflwyno'r person.
- Ffeithiau cronolegol.
- Ateb pam fod y person yn enwog?
- Ysgrifennu yn y gorffennol tan y diwedd.

≫ Camau bach

- Darllen am yr enwogion dychmygol ym mhennod 2 Antur yr Eisteddfod.
- Penderfynu ar un person enwog.
- Darllen bywgraffiad Manon Steffan Ros.
- Trafod meini prawf llwyddiant y ffurf.
- Cynllunio'r cynnwys ar y tabl.
- Ysgrifennu bywgraffiad o un person enwog o Gymru.

Cymharu cadeiriau'r Eisteddfod

'Ond mae'r gadair yma'n un arbennig. Mae'r bardd gorau yng Nghymru yn ei ennill o, ac mae o'n anhygoel. Mae o'n un o'r rheiny sy'n gallu gwyro 'nôl er mwyn i chi allu gorwedd ynddo fo .... Mae 'na beiriant popcorn yn ran ohono fo, a pheiriant pop hefyd ..... Mae o'n gallu chwarae unrhyw fiwsig 'da chi isho ac mae'r coesau'n cerdded, yn eich cerdded chi o le i le.'

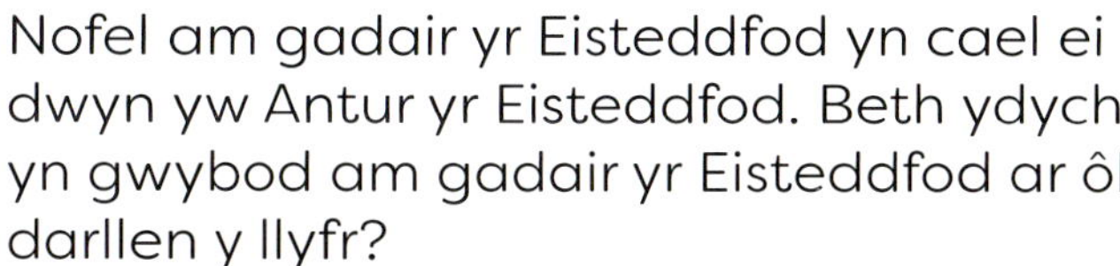

Nofel am gadair yr Eisteddfod yn cael ei dwyn yw Antur yr Eisteddfod. Beth ydych yn gwybod am gadair yr Eisteddfod ar ôl darllen y llyfr?

Rhestrwch ffeithiau yn eich grwpiau.

Astudiwch luniau o gadeiriau eisteddfodau ar y daflen a'u cymharu.

Pa un yw eich hoff gadair a pham?
Defnyddiwch frawddegau fel hyn:

Fy hoff gadair yw .... oherwydd ei bod yn ....

Mae'r gadair gyntaf yn debyg i'r ail gadair oherwydd .....

Yr eithriad yw .... oherwydd ....

Mae'r tair yn debyg oherwydd ....

Edrychwch ar y fideo 'Creu Cadair Eisteddfod Caerdydd'.

https://www.youtube.com/watch?v=4OVqvvQ6JLw

Cynlluniwch gadair i brifardd yr Eisteddfod ac arluniwch gerfiadau arni.

≫ Meini Prawf Llwyddiant

- Cyfeirio at y tair cadair.
- Defnyddio trefnolion yn gywir.
- Ystyried yr eithriad.
- Ystyried yr hyn sy'n debyg rhwng y tair.

≫ Camau bach

- Darllen beth ddywedodd Clem am gadair yr Eisteddfod.
- Edrych ar y lluniau a'u cymharu.
- Ymarfer patrwm brawddegau i gymharu'r tair cadair.
- Ysgrifennu rhestr o frawddegau.

Ennill a Cholli

Cwestiynau mawr gallwch drafod yn ystod Amser Cylch.

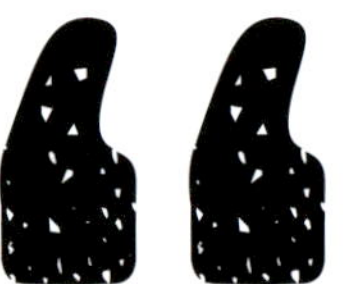

- **Pa brofiad o ennill/colli ydych chi wedi ei gael?**
- **Sut wnaeth hyn wneud i chi deimlo?**
- **Ydych chi'n meddwl bod cystadlu yn beth da?**
- **Sut ddylem ymddwyn pan fyddwn yn ennill neu golli?**
- **Ydy ennill yn bwysig mewn cystadleuaeth?**

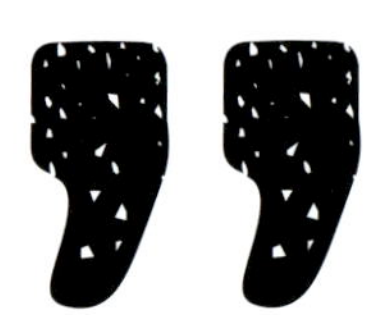

Edrychwch ar y dyfyniadau yma. Beth allwn ni ddysgu am ennill a cholli?

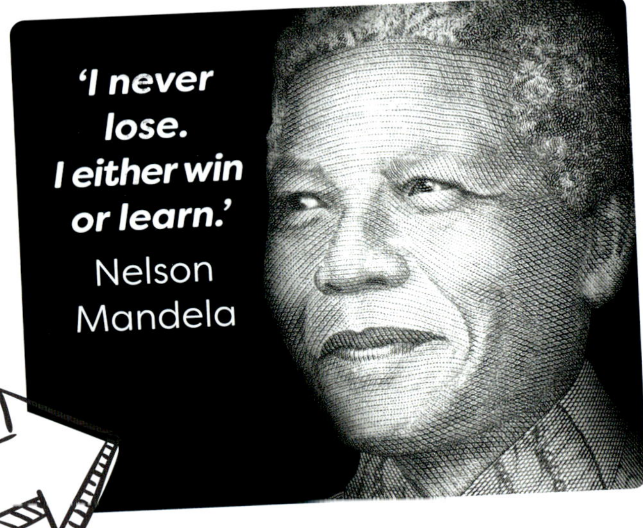

'The difference in winning and losing is most often NOT QUITTING.'
Walt Disney

'Mae'r dyn sydd â hyder ynddo'i hun yn ennill hyder eraill.'
Dihareb Hasidi

Beth am greu cystadleuaeth yn y dosbarth, a chael un o'r athrawon i feirniadu'r gwaith? Gall y gystadleuaeth fod yn unigol neu mewn grwpiau. Gallwch drefnu cystadleuaeth canu, adrodd, actio, ysgrifennu neu gelf.

» Meini Prawf Llwyddiant

- Dilyn rheolau Amser Cylch.
- Cyfrannu i drafodaeth.
- Creu cwestiynau mawr gwreiddiol.
- Dewis un dyfyniad ac egluro pam ydych yn ei hoffi.

» Camau bach

- Adolygu rheolau amser cylch.
- Trafod rhai cwestiynau mawr am thema ennill a cholli.
- Y dysgwyr i gynnig cwestiynau eu hunain.

Campwaith o Gerdd?

'A glywsoch chi'r hanes am Trio?
Tri ffrind sydd byth, byth yn blino,
Yn gweithio yn galed
A thrio hyd syrffed
(Ond ddim yn wych iawn am gneifio.)

*Roedd Gronw ap Garnant yn ofnadwy am ddod o hyd i'r gair iawn i odli ar ddiwedd pennill. Dydy'r llinell yna am gneifio, er enghraifft, ddim yn gwneud llawer o synnwyr. Mae o'n mynd yn waeth, gewch chi weld.

Y cryfaf o fechgyn mawr Cymru,
Y gorau un am ofalu,
Derec Dynamo,
Yw ei enw fo,
A dydy o byth, byth yn brefu. *

*Da chi'n gweld be' dwi'n feddwl? Mae o'n ofnadwy tydi. Mae'r ail linell digon drwg, ond am yr un olaf – Mam bach.

Merch beniog iawn ydy Dilys
Mae hi'n benigamp am ddatrys,
Pan fydd hi'n dyfeisio
Mae pob un yn dotio,
Ac mae ganddi hen ddigon o fatris*

*Batris? BATRIS? Byddai babi bach fy Anti Jên yn gallu sgwennu gwell cerdd na hon.

Gadewch i mi ddweud hanes Clem -
Mae'n gwybod bob dim am bob eitem,
Mae'n wych iawn am arwain,
Mae'n glyfrach na Einstein,
Mae'n gwybod pob gair i bob anthem.*
*Mae hyn yn wirion, a dydy o ddim yn wir chwaith.

Hwre! Hwre i Trio
Diolch byth fe gafwyd cadeirio!
Mae popeth yn wych!
Mae'r tywydd yn sych!
Maen nhw'n well na brechdan domato!*

>> Meini Prawf Llwyddiant

- Mynegi barn am y gerdd gan roi rhesymau ar lafar.
- Rhestru nodweddion y gerdd, e.e. patrwm y penillion.
- Gwella'r pennill olaf.
- Cyd ysgrifennu pennill gwreiddiol yn dilyn patrwm sillaf ac odl.

>> Camau bach

- Darllen y gerdd mewn grwpiau.
- Cynnig sylwadau ar lafar.
- Ystyried gwerthusiad yr awdur.
- Ceisio gwella'r pennill olaf.
- Astudio patrwm y penillion – odl, sawl sillaf a rhythm.
- Cyfansoddi pennill gwreiddiol mewn grwpiau.

Addewid yr Archdderwydd

'Addawodd yr Archdderwydd y byddai Trio'n cael dod i'r Eisteddfod am ddim am byth, gan eu bod nhw wedi achub yr Eisteddfod eleni. Er ei fod o'n fodlon ystyried awgrym Trio fod angen mwy na dim ond cadair ar y Prifardd o hyn ymlaen (cwpwrdd dillad, efallai, neu fel llonydd i'r bardd gael ymarfer corff), doedd o ddim yn meddwl ei fod o am ganiatáu soffa yn hytrach na chadair. Doedd hynny ddim yn draddodiadol.'

Ysgrifennwch lythyr ffurfiol gan yr Archdderwydd at TRIO yn diolch iddynt am achub y dydd, ac yn cynnig mynediad am ddim iddynt i bob Eisteddfod yn y dyfodol. Ysgrifennwch baragraff yn esbonio pam na fyddai eu syniadau am newid y seremoni yn bosib.

Adolygwch nodweddion llythyr ffurfiol cyn mynd ati i ysgrifennu eich llythyr.

Cyfeiriad derbynnydd

Eich cyfeiriad

Annwyl...

Dyddiad

Paragraff 1af yn esbonio rheswm dros ddanfon y llythyr.

Paragraff newydd ar gyfer pob pwynt.

Brawddeg olaf i grynhoi.

Eich llofnod

Ymchwiliwch i waith yr Archdderwydd, Myrddin ap Dafydd.

http://www.gorsedd.cymru/hafan/archdderwydd/

Edrychwch ar fideo o seremoni cadeirio'r Eisteddfod 2019.

https://www.youtube.com/watch?v=-677QRPOdAY

» Meini Prawf Llwyddiant

- Dilyn ffurf llythyr ffurfiol.
- Defnyddio iaith ffurfiol.
- Cynnwys tri pharagraff.
- Egluro pwrpas y llythyr yn y paragraff cyntaf.
- Crynhoi yn y paragraff diwethaf.

» Camau bach

- Darllen y paragraff ar y daflen.
- Adolygu nodweddion llythyr ffurfiol.
- Darllen yr enghraifft.
- Dilyn yr awgrymiadau ar gyfer y cynnwys.
- Creu MPLl ar y cyd fel dosbarth.